____________________ 드림

나는 직접 키운 채소로 요리한다!

나는 직접 키운 채소로 요리한다!

초판 1쇄 인쇄 2016년 4월 29일
초판 1쇄 발행 2016년 5월 6일

지은이 장진주

발행인 장상진
발행처 경향미디어
등록번호 제313-2002-477호
등록일자 2002년 1월 31일

주소 서울시 영등포구 양평동 2가 37-1번지 동아프라임밸리 507-508호
전화 1644-5613 | **팩스** 02) 304-5613

ISBN 978-89-6518-175-0 13590

· 값은 표지에 있습니다.
· 파본은 구입하신 서점에서 바꿔드립니다.

경향미디어

머리말

매일 조금씩 가장 신선한 채소를 먹는 방법은 바로 먹기 직전에 수확하는 것입니다. 모든 채소를 직접 키워 먹는 건 어렵지만, 잎채소나 허브 등은 해 볼 만합니다. 과거에는 집 앞마당이나 집 근처의 땅을 갈아서 직접 채소 씨앗을 뿌리고, 키우고, 수확해서 먹거리로 이용했지만 현대에 들어와서는 주거 형태가 바뀌면서 직접 재배할 공간이 없거나 줄어들었습니다. 하지만 기술이 발전하여 빛이 없는 공간에서도 인공광을 이용하여 재배할 수 있게 되었습니다. 그래서 도시에 사는 사람이라도 조금만 시간을 내면 부엌에서, 베란다에서 직접 채소를 키워 요리까지 바로바로 할 수 있습니다.

이 책에는 35종의 채소를 직접 키우는 방법과 그 채소로 만들 수 있는 요리 70가지를 소개했습니다. 페트병으로 화분을 만들어 채소를 키우는 방법도, 그 채소로 요리를 하는 방법도 되도록이면 구하기 쉽고 비용이 적게 드는 재료로 누구나 어렵지 않게 따라 할 수 있는 것을 제시했습니다. 간혹 들어가는 재료가 많은 음식이 있지만 단지 재료 수만 많을 뿐 조리법은 복잡하지 않고 최대한 간단하게 할 수 있는 방법을 제안했습니다.

채소 재배 과정에서 가장 신경을 쓴 부분은 각 단계별 특징을 그림으로 그린 것입니다. 오래전부터 채소 키우기를 설명할 때 사진으로 설명하기 힘든 부분을 보다 자세히 그리고 효과적으로 전달하고 싶었는데, 그림으로 그리면 실제와 조금 덜 비슷하더라도 전달하고자 하는 내용은 더 명확하게 표현할 수 있어서 이번 기회에 시도해 보았습니다.

그림을 제대로 표현하기 위해 정말 많은 채소와 허브를 직접 키우며 관찰하고 사진을 찾아보았습니다. 단 하나의 작업도 완성도를 높이기 위해 고민하지 않은 부분이 없지만 전문가가 본다면 부족한 부분이 있을 수 있겠지요. 비록 그림 표현이 부족하다 하더라도 책을 보고 따라 키우는 사람이 더 쉽게 이해할 수 있도록 배려하는 것을 최우선으로 삼은 것이니 너그러운 양해를 부탁드립니다.

처음 채소 키우기를 시도하는 사람이라면 씨앗을 뿌리고, 싹이 나고, 잎이 나고, 꽃이 피고, 열매가 맺히는 과정을 모두 순조롭게 하기가 쉽지만은 않을 것입니다. 하지만 자기가 직접 뿌린 씨앗이 흙 속에서 씨앗 껍질을 물고 작은 싹을 내밀며 떡잎을 펼치는 모습을 볼 때의 신기하고 뿌듯한 경험은 아마도 채소를 직접 키우는 사람만이 느낄 수 있는 행복일 것입니다.

오랫동안 채소 키우기를 해 온 저도 간혹 물 주는 것을 잊어버리기도 하고, 여전히 키우는 과정에서 이유를 모른 채 채소가 시들어 죽는 경험을 합니다. 실수나 실패는 누구나 겪는 과정입니다. 실패했다고 실망하지 말고 같은 관심사를 가진 사람들끼리 공유하며 해답을 찾아가다 보면 어느새 능숙하게 채소를 키우고 수확하는 자신의 모습을 볼 수 있게 될 것입니다. 조금씩 재배 노하우가 쌓이면 조금 더 까다로운 채소 키우기에도 도전해 보세요. 생명의 경이로움과 생동감을 느낄 수 있을 거예요.

마지막으로 그림 그리는 법을 가르쳐 준 컵아티스트 김수민 씨와 표현이나 기기 사용 등에서 자문을 해 준 웹 디자이너 김나은 씨 그리고 오랜 기간 동안 여러모로 가르침을 주신 지도교수님인 서울대학교 전창후 교수님께 감사의 말씀을 전합니다.

장진주

- 이 책에서 사용한 채소 재배 관련 용어는 대중이 흔히 쓰는 단어나 되도록 한자어가 아닌 쉬운 단어를 선택하느라 학계에서 쓰는 용어와 차이가 날 수 있습니다.
- 계량은 밥숟가락과 티스푼으로 했습니다. 1큰술은 밥숟가락, 1작은술은 티스푼입니다. 계량한 컵은 종이컵 기준입니다.

vegetable

차례

PART 1

새싹채소 & 어린잎채소

PART 2

잎채소

PART 3

허브

채소의 분류 – 식용 부위별

채소의 분류 기준은 여러 가지가 있다. 그중에 식용 부위에 따라 분류하면 다음과 같다. 이 책에서는 잎채소 그리고 잎채소와 함께 요리에 많이 쓰이는 허브를 다루었다.

1 **잎채소** 배추, 상추, 시금치, 부추 등

2 **줄기채소** 죽순, 아스파라거스 등

3 **뿌리채소** 무, 당근, 고구마 등

4 **열매채소** 완두, 오이, 호박, 가지 등

5 **꽃채소** 꽃양배추, 아티초크 등

잎채소

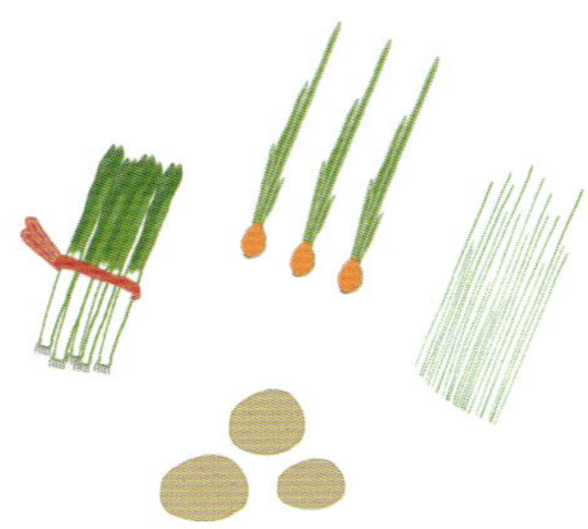

줄기채소

뿌리채소

열매채소

꽃채소

채소가 자라는 단계(과정)와 원리

채소의 성장은 '씨앗-떡잎-본잎-성체 잎채소-꽃-열매-씨앗'의 과정으로 이루어진다. 잎채소는 떡잎이 나왔을 때 먹는 새싹채소, 본잎이 나오고 먹는 어린잎채소 그리고 쌈으로 먹는 상추 등의 성체 잎채소로 구분할 수 있다.

시판되는 어린잎채소는 길이나 자란 상태에 따라 아이순, 어린잎채소, 베이비채소 등의 이름으로 불리기도 한다. 흔히 아이순은 떡잎이 나온 이후 본잎이 나오기 시작하는 상태를 말한다. 이외에도 처음 나온 본잎이 자라 3cm 정도 되는 것, 그리고 3~5cm 정도 되는 것도 있다.

- 흔히 먹는 상추 등의 잎채소는 새싹채소, 어린잎채소와 구분하기 위해 성체 잎채소라는 단어로 표현했다.

채소의 광합성

채소는 잎에 있는 엽록체라는 기관에서 햇빛을 받아 광합성을 한다. 광합성을 하면 포도당이 만들어지는데 이 포도당이 채소를 자라게 하거나 양분으로 축적된다. 이 과정에는 물이 반드시 필요한데, 물에는 수분과 각종 미네랄이 들어 있어서 광합성을 더 활발하게 해 준다. 만약 물이 고갈되면 채소가 바짝 말라 형체를 알아볼 수 없게 변하거나 바스락거리게 되니, 그만큼 물이 필요하다. 물과 빛이 있으면 채소가 죽지 않고 자랄 수 있지만 좀 더 수확량을 많게 하거나 빨리 키우려면 추가로 양분을 공급해야 한다. 이때 추가 양분으로 주는 것이 퇴비 또는 비료이다.

채소를 키우는 방법

1 뭘로 키울까?

준비물, 재배도구 화분, 흙, 씨앗 또는 모종

• 화분

상추 같은 잎채소를 키울 때는 보통 테이크아웃 커피컵 크기의 화분이면 충분하다. 그러나 김장배추 등 다 자란 크기가 큰 채소의 경우에는 다 자란 식물체나 그 이상 크기의 화분이 필요하다.

화분은 구입해도 좋지만 처음 재배하는 경우에는 테이크아웃 커피컵이나 스티로폼 상자 등을 사용하는 것이 비용을 절감할 수 있어 유리하다. 단 재활용 용기를 이용할 때에는 원래 깨끗한 것을 고르거나 잔여물로 인해 악취가 나지 않도록 깨끗이 닦는다.

그 밖에 페트병을 잘라 위쪽은 뒤집어서 화분으로, 아래쪽은 물받침용기로 사용하는 방법도 있다. 이 책에서는 페트병을 주된 화분으로 사용했다. 페트병으로 화분 만드는 방법은 다음과 같다.

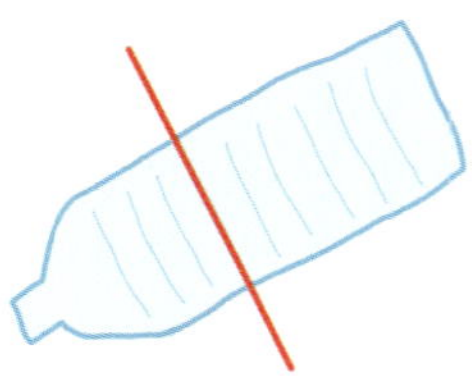

1. 칼로 페트병을 반으로 자른다.

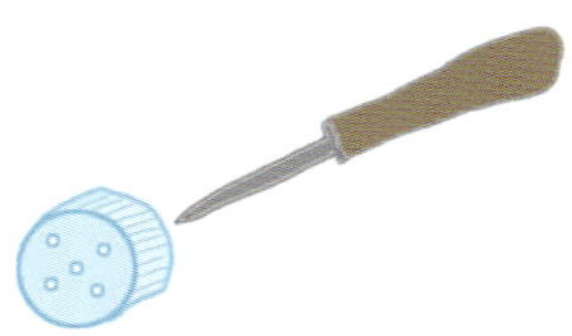

2. 송곳으로 뚜껑에 물구멍을 뚫는다.

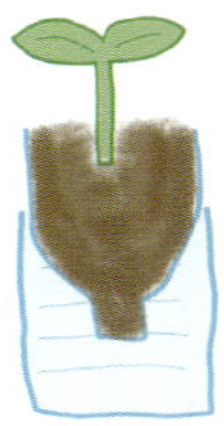

3. 흙을 병목부터 위까지 채우고 두 통을 겹친다.

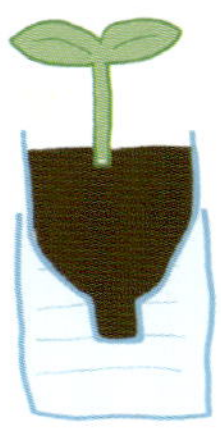

4. 아래쪽 통에 물을 채워 위쪽 통의 흙이 물을 충분히 머금게 한다.

• 흙

화단이나 놀이터 또는 산 등에서 흙을 가져다가 채소를 키우면 흙 속에 들어 있는 바이러스나 세균에 의해 식물 질병이 채소에 그대로 옮을 수 있다. 안전한 재배를 위해서는 '원예용 상토 또는 상토'를 구입하여 사용하는 것이 좋다. 이는 우리가 강물이나 바닷물 또는 하천수를 떠다 마시지 않고, 생수를 구입해서 먹는 것과 같은 원리이다. 그래서 자연에서 가져온 흙으로 채소를 키우는 것이 불가능하지는 않지만 권장하지는 않는다.

원예용 상토는 식물이 자라기에 적합하도록 여러 가지 재료를 배율대로 혼합해 놓은 것이다. 따라서 부드러우며, 물 빠짐과 동시에 수분 보유력이 좋고, 초기 생육에 필요한 양분이 들어 있다. 시판되는 흙 중에서 유난히 물이 금방 날아가서 보습이 잘 안 되는 제품의 경우라면 물을 항상 채워 놓고 키우는 것도 방법이다.

• 씨앗 또는 모종

심는 대상은 씨앗이나 모종 어떤 것이든 관계없다. 씨앗은 구하기 편하지만 모종은 시중에서 판매하는 시기가 연중 봄과 가을 2번뿐이므로, 시기를 놓칠 경우 직접 모종을 만들거나 온라인으로 구입해야 한다. 씨앗부터 심을 경우에는 모든 과정을 직접 관리하므로 외부에서 유입되는 병충해가 없고 원하는 종류의 씨앗을 구해 키울 수 있어서 좋다.

하지만 모종이 되기까지는 2~3주의 기간이 필요하므로 재배 기간을 줄이고 수확 시기를 당기려면 모종을 구입하는 것이 편리하다. 모종을 구입할 경우 잎채소 모종의 개당 가격이 300~500원 정도인 것을 감안하면 씨앗 한 봉지에 2,000원 이상이니 소량만 키울 경우에는 가격 면에서 오히려 이득이다.

그러나 수량이 많이 필요하다면 모종 전체의 가격이 부담될 수도 있다. 상추, 치커리 등 한 번 심어 두고 낱장으로 수확해서 먹는 잎채소는 모종으로 구입하고, 새싹채소나 어린잎채소 그리고 다량으로 키우는 경우에는 씨앗 구입을 추천한다.

씨앗은 인터넷에서 원하는 작물의 이름을 검색하거나 천원숍, 대형마트 또는 씨앗이나 모종을 파는 화원 밀집 지역에 가면 쉽게 구할 수 있다. 모종은 오프라인으로 구입하려면 봄, 가을에 화원이나

종묘상에서 구할 수 있다. 온라인에서는 '모종시장'이라는 업체에서 연중 택배배송을 하고, 큰 쇼핑몰에서는 모종이 많이 나오는 철에 한시적으로 판매하기도 한다.

2 어떻게 키울까?

• 씨앗 심기

화분에 흙(원예용 상토)을 80% 정도 담고, 가운데에 씨앗 굵기의 3배만큼 손가락으로 살짝 눌러 씨앗을 3개 올린다. 그런 다음 흙을 덮어 평편하게 하고 화분 아래에 물그릇을 받쳐 물이 충분히 흡수되도록 30분 정도 둔다. 발아할 때까지 화분에 랩을 덮어 습도를 유지시킨다. 창가에 둘 경우에는 밤 기온이 낮아 발아에 부적합할 수 있으니 방 안이나 거실에 두어 발아를 촉진시킨다. 경우에 따라서는 새싹채소나 어린잎채소처럼 다량의 씨앗을 심기도 한다. 흙에 심을 경우에는 위 방법을 이용하고 물에 키울 경우에는 본문에서 소개하는 방법을 활용한다.

• 화분의 80%만 흙을 담는 이유는 물을 흙 위에서 줄 때 넘치는 것을 방지하기 위해서이다.

• 모종 심기

화분에 흙(원예용 상토)을 80% 정도 담고, 가운데에 모종에 붙어 있는 흙만큼 구멍을 파서 모종을 옮겨 심는다. 이때 화분의 흙과 같은 깊이로 심는다. 만약 심은 후에 곧게 서지 못하면 흙을 더 얹거나 주위의 흙을 모아 꼿꼿하게 설 수 있도록 해 준다.

• 물 주기

물을 주는 방법은 2가지이다. 하나는 흙 위에 주는 것으로 일반적으로 많이 쓰는 방법이다. 또 다른 방법은 화분 아래에 물그릇을 받쳐 두어 위로 물을 끌어올리는 것이다. 이 방법은 집을 며칠 비울 경우 식물체가 말라 죽지 않으므로 유용하다. 한편 물통을 달아 주는 것도 방법인데, 페트병에 물을 가득

채우고 송곳으로 구멍을 뚫은 페트병 뚜껑을 닫아 화분의 흙에 거꾸로 꽂아 두면 필요한 만큼만 물이 공급된다. 그러나 장마철이나 비가 오는 날에는 물을 주지 않는 것이 좋다.

• 수확하기

새싹채소는 뿌리째 헹구거나 흙에 심은 경우 줄기를 잘라 수확한다. 어린잎채소는 줄기를 통째로 자르거나 새 잎이 나오는 부위 바로 위를 잘라 2~3번 정도 반복 수확을 하기도 한다. 성체 잎채소는 줄기에 가까운 잎의 부위를 아래로 눌러 젖혀 수확하거나 배추처럼 통으로 수확한다. 새싹채소는 한 번 키워 먹으면 반복 수확이 불가능하지만, 어린잎채소와 성체 잎채소는 수확 방법에 따라 반복 수확이 가능할 수도 있다. 잎채소는 수확을 자주 하지 않으면 더 이상 영양분을 합성해 둘 필요가 없으므로 자손 번식을 위해 꽃대가 올라와 맛이 없어진다. 따라서 잎이 자라면 꽃대가 올라오기 전에 부지런히 수확해서 먹는 것이 좋다.

• 꽃대가 올라올 경우에는 꽃대를 잘라 내도 곧 다시 올라오므로 잎을 먹으려면 다시 심는 것이 좋다.

모종을 심고 물 주고 수확하는 방법

세숫대야에 물을 받아 놓고
화분을 담가 저면 관수하는 방법

3 영양분 주기

채소를 기를 때 영양분을 준다는 것은 비료를 주어 과하게 빨리 기른다기보다 먹을 만하게 기르기 위한 것이라는 인식을 가질 필요가 있다. 흙 속에 있는 뿌리를 지탱할 정도의 양분만으로 우리가 먹을 채소를 얻는다는 건 말이 안 된다. 따라서 먹을 만한 채소를 수확하기 위해서는 양분을 주기적으로 공급하는 과정이 반드시 필요하다. 한 번 공급으로 끝나는 것이 아니라 양분 고갈 시기가 되기 전에 반복적으로 주어야 한다.

단계별 잎채소를 키우는 데 추천하는 양분의 종류는 다음과 같다.

새싹채소, 어린잎채소 덧거름 없이 씨앗의 양분만으로도 잘 자란다.

성체 잎채소 본잎이 나오기 시작하면 1주일에 1번씩 덧거름을 준다.

• 수경 재배용 영양분 용액

채소가 자라기에 적당한 성분을 배합한 것으로 양액이라고도 한다. 농축액으로 시판되며 물에 일정 배율로 희석하여 물 대신 준다. 흡수가 빠르고 특정 성분이 부족해서 생기는 생리장해를 걱정할 필요가 없어 편리하다. 한 번 사 두면 오래 사용할 수 있지만 소량으로 재미삼아 키워 보는 경우에는 다른 양분을 선택하는 것이 좋다. 수경 재배용 영양분 용액은 '대유'에서 나오는 물푸레 제품이 믿을 만하다. 주사기나 물약 병을 이용하면 미량을 주기 좋다.

• 지렁이 분변토

시판하는 고형(흙 또는 흙과 비슷한 상태) 제품을 구입했는데 채소가 잘 자라지 않거나 냄새가 나는 등 부작용이 있는 경우, 또는 믿을 만한 양분을 소량 구입해 채소를 키워 보고 싶은 경우에는 지렁이 분변토를 사용해 볼 만하다. 간혹 분변토를 구입하면 지렁이 알이 들어 있는 경우가 있다. 어떤 것을 선택할지 어렵다면 '세경 지렁이 농장'의 분변토를 써 보는 것도 방법이다.

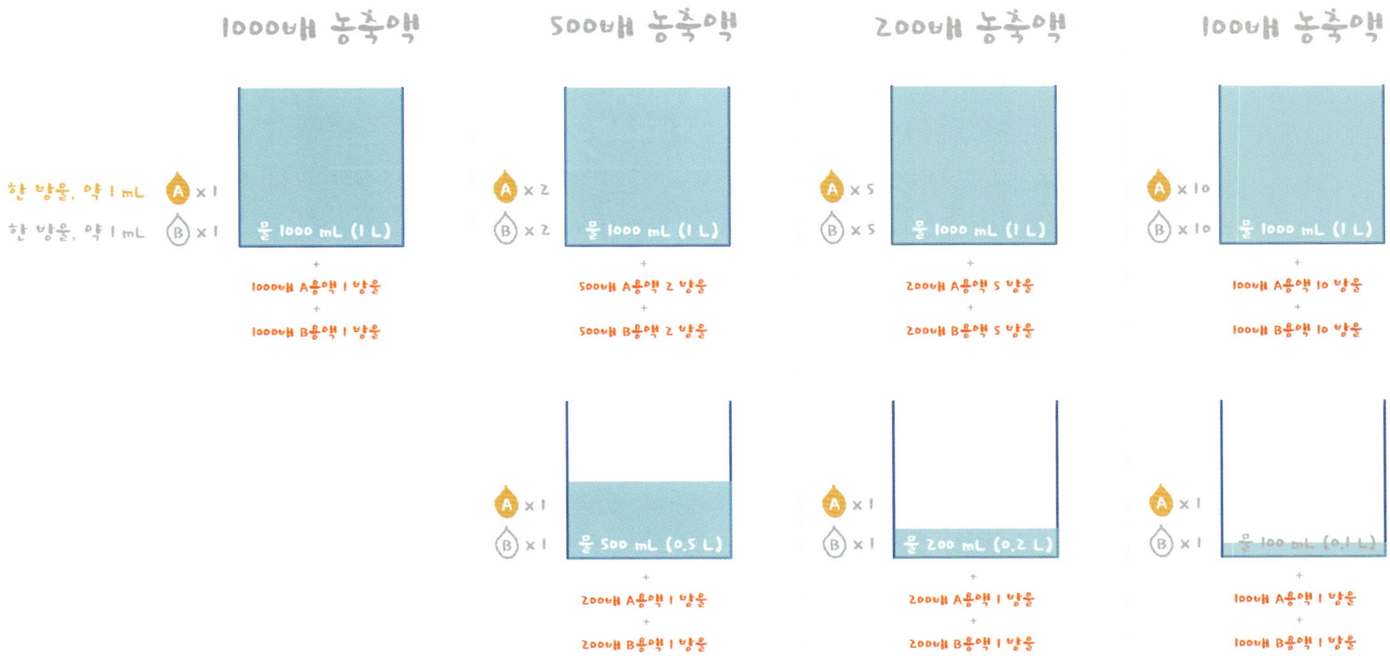

양액을 희석하는 방법

고체 양분을 주는 방법

4 다 키우고 화분 정리하기

• 새싹채소, 어린잎채소

물로만 키우는 경우에는 화분을 정리할 필요 없이 사용했던 망이나 기타 용기만 세척한다. 망은 세척하면 여러 번 사용할 수 있다. 흙에 키웠을 경우에는 흙의 양을 최소한으로 사용해서 재배 이후에는 흙을 일반 쓰레기로 버려야 한다. 만약 흙을 많이 사용해서 흙의 윗부분에만 뿌리가 내렸다면 해당 부분을 걷어 내고 다시 심는다.

• 성체 잎채소

상추 등 쌈채소를 심은 흙은 이미 뿌리가 용기 전체를 감싸 재활용하기 어려울 정도로 한 덩어리가 되므로 폐기해야 한다. 역시 일반 쓰레기로 버린다. 스티로폼 상자나 큰 화분에 재배한 경우에는 뿌리만 뽑아내고 빈 공간에 상토를 채워 기존 흙과 골고루 섞어 재사용한다.

• 여러해살이 허브

로즈마리나 타임 등의 여러해살이 허브는 1년에 1~2번 정도 더 큰 화분에 옮겨 심는다. 이 과정에서 화분 크기만큼 흙이 추가로 필요하다. 따라서 여러해살이 허브는 다 키우고 화분 정리하기 과정이 없고 오히려 계속 화분의 크기를 늘리는 과정이 필요하다.

• 식물체는 지상부가 자라면서 지하부도 함께 자란다. 따라서 분갈이의 목적은 식물체를 더 크게 키우기 위해 뿌리가 더 잘 뻗어 나갈 수 있도록 여유 공간을 확보하는 것이다.

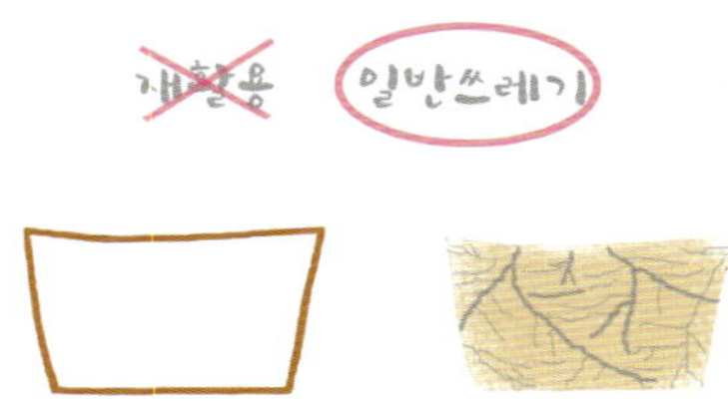

다 쓴 흙은 일반 쓰레기이다.

5 병충해 예방법

맛있는 채소에는 벌레가 꼬일 수밖에 없다. 내가 잘 키웠기 때문에 벌레도 탐을 내는 것이다. 채소를 키울 때 병충해를 예방하거나, 병충해를 입었을 때 응급처치를 하는 방법은 많다. 그중에서 가장 추천하는 방법은 병충해가 생기지 않도록 창문을 열어 환기를 하거나, 대개 벌레가 날아다니면서 병충해를 옮기므로 벌레가 날아다니지 않도록 벌레가 보이는 즉시 잡는 것이다. 모종을 구입했을 경우에도 벌레가 붙어 있는지, 상한 잎은 없는지 확인하여 발견하면 즉시 제거한다.

병충해는 보통 바이러스성과 세균성으로 나눌 수 있는데, 바이러스성 병충해는 약이 없으므로 생긴 즉시 그 식물체를 격리시키거나 뽑아 버리는 것이 상책이다. 재활용 화분을 깨끗하게 닦지 않거나 제거한 잎을 화분 위에 그대로 올려 두어도 병충해의 원인이 될 수 있다. 무엇보다도 주위를 깨끗하게 관리하는 것이 병충해 예방의 가장 좋은 방법이다.

벌레의 밀도에 따른 해결 방법은 다음과 같다.

• 벌레가 한두 마리 보이는 경우

손으로 잡는 것이 좋고 잡기 힘들면 벌레가 앉아 있는 잎을 벌레와 함께 통째로 잘라 버린다.

• 벌레가 여러 마리 보이는 경우

주로 잎 뒷면이나 새로 나는 잎에 많이 분포한다. 이 부위에 약국에서 파는 스프레이 타입의 친환경 살충제를 구입해서 충분히 분무한다. 구입하자마자 직접 전체에 뿌리는 것보다 잎의 일부에 뿌려서 하룻밤이 지난 후에도 잎이 검게 변하거나 시들지 않으면 추가로 뿌린다. 필요에 따라 물에 희석해서 사용해도 된다.

• 벌레가 셀 수 없이 많이 보이는 경우
흙에 벌레가 떨어지지 않도록 흐르는 물로 잎을 씻어 벌레 밀도를 낮추고 반나절 정도 바람이 잘 드는 곳에 두어 잎의 물기가 마르면 친환경 살충제를 흠뻑 젖을 정도로 분무한다.

그 밖에 집에서 직접 친환경 약제를 만들거나 여러 가지를 활용할 수도 있다. 하지만 소량을 키우는 경우에는 만드는 양이나 보관이 어려우므로 위에 제시한 정도의 방법을 권한다.

• 커피 찌꺼기나 과일 껍질 또는 먹고 남은 우유 등을 화분에 뿌리는 것은 병충해를 유발할 수 있으므로 하지 않는 것이 좋다.

벌레가 한두 마리 보이는 경우
벌레를 손으로 잡아 없앤다.

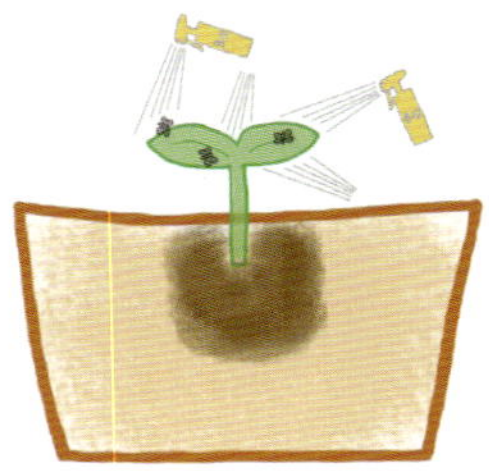

벌레가 여러 마리 보이는 경우
친환경 살충제를 충분히 분무한다.

벌레가 셀 수 없이 많은 경우 흐르는 물에 잎을 씻고 바람이 잘 드는 곳에 두었다가 친환경 살충제를 분무한다.

마트에서 구해서 키울 수 있는 채소

• 대파

밑동을 잘라 흙에 심으면 2~3회 반복 수확이 가능하다.

• 양파

통째로 물을 채운 물컵에 얹어 줄기를 길러 파 대신 사용할 수 있다.

• 당근

뿌리를 잘라 물에 키운다. 당근 잎은 파슬리처럼 향을 내거나 모양을 내는 용도로 사용할 수 있다. 파슬리와 당근은 같은 과에 속하는 식물이며, 향도 비슷하다.

• 파프리카

반을 갈라 씨앗을 꺼내 심으면 된다. 이 경우 씨앗 선별 작업을 거치지 않았기 때문에 파프리카의 모양이나 색은 원하는 대로 나오지 않을 수 있다. 시판하는 파프리카 씨앗은 20개들이 가격이 한 봉지에 5,000원 이상이므로 직접 씨앗을 구해 심는 것도 좋은 방법이다.

• 토마토

반을 갈라 씨앗을 꺼내 키친타월에 비벼 씨앗 껍질에 묻은 이물질을 제거하고 흙에 심으면 된다.

• 고구마

물에 꽂아 고구마 순을 이용하거나 흙에 심어 고구마를 수확할 수 있다.

• 씨앗을 보관할 때는 바짝 말려 밀봉하여 냉장 보관한다.

PART 1

새싹채소 & 어린잎채소

콩나물 키우기

콩나물 콩은 보통의 새싹 씨앗보다 크기가 커서 물에 하룻밤 정도 불려야 싹트는 데 필요한 물을 충분히 흡수할 수 있다. 햇빛을 완전히 차단하고 키워야 머리가 샛노란 콩나물을 수확할 수 있다. 가장 중요한 것은 매일 하루 2번 이상 물로 헹구기이다. 콩을 불릴 때만 빼곤 항상 물로 헹궈 주어야 썩지 않는다. 반복 수확은 어렵다.

재료 1L 주전자, 콩나물콩 50mL(1/4컵)

과정

1 1L 주전자에 콩나물콩 50mL(1/4컵)를 담아 한 번 헹구고, 물을 담아 하룻밤 불린다. 단 12시간 이상 불리면 콩나물 콩이 상하기 쉽다.

2 불린 후 한 번 헹궈 '여분의 물은 모두 따라 내고', 항상 뚜껑을 덮어 상온에 둔다. 수확할 때까지 매일 아침저녁 헹궈 내기를 반복한다.

3 1~2일 후에는 불린 콩에서 뿌리가 나오려고 볼록 튀어나오거나 흰색 뿌리가 나오기 시작한다. 물은 처음 불릴 때를 빼곤 항상 헹궈 비워 낸다.

4 3일 후에는 뿌리가 더 길게 자라고 주전자의 절반 이상이 차오른다. 역시 매일 하루 2번 이상 물을 갈아 주어 뿌리가 갈변하는 것을 방지한다.

5 4일 이후부터는 손을 대지 않아도 알아서 콩나물 시루에서처럼 자란다. 헹굴 때 5분 정도 주전자에 물을 채웠다가 비우면 콩나물이 물을 더 잘 흡수할 수 있다.

6 5~6일 후 물을 갈아 주려고 뚜껑을 열었다가 다시 닫히지 않으면, 주전자에서 콩나물을 꺼내 물에 헹궈 사용한다.

Tip

만약 다 자란 콩나물을 한꺼번에 사용하지 않을 경우에는 필요한 만큼만 쓰고 나머지는 주전자째로 냉장 보관하면서 매일 물을 갈아 준다. 그러면 생장은 멈추지만 콩나물이 죽지는 않아 신선하게 먹을 수 있다.

물로 하루 2번 이상 헹궈 주어야 콩나물 잔뿌리가 많이 생기지 않는다. 그러나 잔뿌리가 생겼더라도 아스파라긴산이 많으니 잘라 내지 말고 모두 먹는 것이 좋다.

이 과정을 했는데도 콩이 상했다면 주전자를 놓아 둔 공간의 기온이 높거나, 콩나물 콩이 오래되어 발아 능력이 떨어졌을 가능성이 높다.

콩나물국

콩나물국은 물을 부은 후부터는 라면을 끓인다고 생각하면 쉽게 완성할 수 있다. 콩 비린내가 나지 않게 하려면 끓이는 동안에 냄비 뚜껑을 계속 열어 두거나 또는 계속 닫아 두거나 둘 중 하나를 선택한다.

재료 콩나물 1국그릇, 새우젓 1/2큰술, 다진 마늘 1/2큰술, 물 2컵

먼저 할 것 콩나물을 씻어 물기를 뺀다. 씻을 때 콩나물 머리에 있는 껍질을 신경 써서 제거한다.

과정

1 냄비에 기름 없이 다진 마늘과 새우젓을 넣고 중불에서 볶는다.

2 새우가 하얗게 되면 분량의 물을 붓고 센불에서 끓인다.

3 끓으면 손질한 콩나물을 넣고 팔팔 끓으면 5분 뒤에 불을 끈다.

콩나물밥

요리에 능숙하다면 조갯살과 콩나물을 뜸을 들일 때 넣어 조갯살이 수분을 많이 잃지 않아 통통하게 즐길 수 있다. 이 레시피에서 조갯살과 콩나물을 중간에 넣은 것은 초보자들이 실수할까 봐 안전한 방법을 제안한 것이다.

재료(2인분) 쌀 1컵, 조갯살 1/2컵, 콩나물 1국그릇, 물 1컵

양념간장 간장 1큰술, 다진 파 1/2컵, 설탕 1/2작은술, 고춧가루 1/2작은술

먼저 할 것 쌀을 물에 불리고, 콩나물을 씻어 건져 둔다.

TIP 보통 밥할 때보다 물을 적게 넣어야 콩나물이 익으면서 나오는 수분으로 인해 밥이 질어지는 것을 막을 수 있다. 보통 밥을 할 때에는 불린 쌀과 동량의 물로 밥을 하고, 콩나물밥을 할 때에는 건조 쌀과 동량의 물을 사용한다.

과정

1 냄비에 불린 쌀을 넣고 불리기 전의 쌀과 동량의 물을 붓는다. 그런 다음 센불에서 끓인다.

2 밥물이 끓으면 씻어 건진 조갯살과 콩나물을 얹고 뚜껑을 덮어 5분간은 중불에서, 그런 다음 5분간은 약불에서 끓인다. 나중에 익히는 5분은 뜸 들이는 시간이다.

3 밥이 끓을 때까지가 5분이라고 하면 총 15분간 불에서 밥을 한 셈이다. 총 15분이 지나면 그릇에 밥, 조갯살, 콩나물을 올리고 양념장을 곁들여 낸다.

숙주나물 키우기

숙주나물의 씨앗은 바로 녹두이다. 팥(적두)과 크기가 비슷하다. 숙주나물 키우는 방법은 콩나물 키우기와 같다. 매일 하루 2번 이상 물로 헹구는 과정을 소홀히 하면 줄기가 가늘고 잔뿌리가 상대적으로 많이 나온다. 이는 뿌리 스스로 물이 있는 곳을 찾아가려고 하는 성질 때문이다. 물로 잘 헹궈 주면 뿌리가 적어진다.

재료 1L 주전자, 통녹두 50mL(1/4컵)

과정

1 1L 주전자에 녹두 50mL(1/4컵)를 담아 한 번 헹구고, 물을 담아 하룻밤 불린다. 12시간 이상 불리면 녹두가 상할 수 있다. 이후로는 주전자의 물을 항상 모두 비워 낸다.

2 녹두가 2배 정도 커지면, 물을 비우고 깨끗한 물로 헹궈 항상 뚜껑을 덮어 상온에 둔다. 수확할 때까지 매일 아침저녁마다 물로 녹두를 헹군다.

3 1~2일 후에는 하얀 뿌리가 나오기 시작한다. 역시 매일 물로 하루 2번 이상 헹궈 준다.

4 3일 후에는 뿌리가 더 길게 자라고 주전자의 절반 이상이 차오른다. 콩나물처럼 비린내가 많이 나지 않으므로 손가락 1마디 이상의 길이로 자랐다면 언제든지 먹어도 된다. 생으로도 먹을 수 있다.

5 4일쯤 지나면 곧게 자란다. 경우에 따라 숙주나물 머리 부위에서 본잎이 뾰족하게 나오기도 한다. 이때부터는 쑥쑥 자라므로 물로 헹구기를 잊지 않아야 통통하게 수확할 수 있다.

6 5~6일 후 물을 갈아 주려고 뚜껑을 열었는데 다시 닫히지 않으면, 주전자에서 꺼내 씻어 먹는다. 잔뿌리가 많이 나오면 맛도 모양도 좋지 않으므로 1주일 이전에 수확한다.

Tip 숙주나물을 기르는 용기는 햇빛을 차단하고 물을 갈아 주기 편하다면 어떤 것이든 상관없다.

국물 쌀국수

아침저녁으로 하루에 2번씩 물을 갈아 주며 키운 숙주나물은 통통하고 신선해서 날것으로 먹어도 산뜻하다. 집에서 직접 키운 숙주나물을 푸짐하게 올려 쌀국수를 해 먹으면 저렴한 비용에 마음까지 가벼워진다.

재료 숙주나물 1밥그릇, 5mm 쌀국수 1/3봉지, 소고기 샤브샤브감 100g, 물 5컵(완성그릇 2개 분량), 해선장 소스 1/2큰술, 호이신 소스 1/2큰술 레몬 1/8개, 청양고추 2조각, 포 플레이버

먼저 할 것 숙주나물을 씻어 체에 밭쳐 물기를 뺀다.

TIP 시판하는 '국물' 쌀국수 소스를 구입하여 '고깃국물'에 섞어 조리해도 먹을 만하다.

과정

1 찬물에 30분 이상 쌀국수를 불린다. 이는 쌀국수가 끓이는 면이 아닌 불려 먹는 면이기 때문이다.

2 쌀국수를 완성해서 담을 그릇 2개 분량의 물을 준비한다. 이 물의 절반은 끓이면서 양이 줄어든다.

3 냄비에 분량의 물을 붓고 끓이다가 소고기를 넣어 샤브샤브 하듯 색이 변하자마자 꺼낸다. 국물에 포 플레이버를 넣고 향을 낸다. 그릇에 쌀국수-숙주나물-고기 순서대로 담고 국물은 체에 밭쳐 붓는다.

볶음 쌀국수

볶음 쌀국수를 만들 때 가장 어려운 것은 면이 불지 않도록 조리하는 것이다. 쌀국수를 불에 끓이지 않고 미지근한 물에 불린 후 재빠르게 볶아 접시에 담아내야 불지 않는다.

재료(2인분) 숙주나물 1밥그릇, 10mm 쌀국수 1/3봉지, 바지락(또는 조개) 1컵, 새우 5마리, 소주 1/4컵, 해선장 소스 1/2큰술, 호이신 소스 1/2큰술, 마늘 3톨, 땅콩 부순 것 1큰술

먼저 할 것 숙주나물을 물에 헹군 다음 체에 밭쳐 물기를 뺀다. 새우는 머리와 껍데기를 제거한다. 머리는 버리지 말고 볶을 때 이용한다. 그리고 조개를 씻어 둔다.

과정

1 쌀국수 면을 찬물에 30분 이상 불린다. 면을 담그고 나서 새우 껍데기를 까고, 마늘은 납작하게 썬다.

2 팬에 오일을 두르고 조개, 새우, 마늘을 넣고 센불에서 볶는다. 마늘이 노릇해지면 새우를 꺼내고(오래 익히면 질기다), 소주 1/4컵을 넣고 뚜껑을 닫아 조개가 입을 모두 벌릴 때까지 끓인다.

3 조개가 모두 입을 벌리면, 불린 쌀국수와 숙주나물 그리고 분량의 소스를 넣고 볶는다. 전체적으로 섞이면 숙주나물의 숨이 죽을 정도로만 센불에서 재빨리 볶다가 접시에 담아내고 땅콩 부순 것을 곁들인다.

무순 키우기

씨앗이 보리쌀알 정도로 커서 다루기 편하고, 채소들 중에서는 손꼽힐 정도로 빨리 싹이 트고 자란다. 무순 키우기는 웬만해서는 실패하기 어려우니 누구나 겁 없이 도전해 볼 만하다. 빛이 적거나 없어도 잘 자라며, 빛이 없으면 샛노란 무순을 수확할 수 있다. 적색 무순 씨앗의 경우 빛을 차단해 키우면 분홍색 또는 자주색으로 자란다.

재료 화분, 흙(원예용 상토), 무 씨앗 1/2작은술

과정

1 화분에 흙을 담고 씨앗을 흩뿌린다. 그런 다음 손가락 반 마디만큼의 깊이로 씨앗과 흙을 고르게 섞는다.

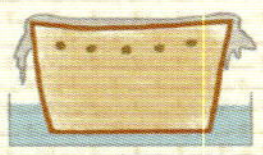

2 빈 용기에 물을 붓고 화분 아래에서 물을 흡수하도록 한다. 화분 바닥부터 흙 표면까지 물이 촉촉하게 젖어야 발아가 잘 된다. 여기에 투명한 랩을 덮어 보습을 한다.

3 하루 정도 지나면 뿌리가 나오는데 아직 흙 속이라 보이지 않을 수 있다. 랩은 싹이 화분 표면 높이까지 자라 스스로 들고 일어나면 벗겨 낸다.

4 무순은 처음에는 떡잎이 줄기와 직각을 이루며 구부러져 있다가 자라면서 점점 고개를 들며 떡잎이 펼쳐진다. 랩을 벗겨 낸 직후부터 매일 물과 햇빛을 충분히 준다.

5 자랄 때 빛의 양이 적으면 줄기가 눈에 띄게 길어진다. 새싹채소는 그림처럼 빛이 약하거나 없는 환경에서 키워야 길이가 길어 수확하기 편하다.

6 떡잎이 나온 이후로는 언제든지 수확할 수 있다. 적합한 길이는 정해져 있지 않으나 손가락 2마디 정도로 자라면 수확해서 먹기 좋다.

Tip

씨앗의 양은 지름 7cm 화분에 1/2작은술 정도가 적당하다.
화분 구멍이 새끼손가락 크기라면 구멍을 따로 막지 않아도 된다.
그보다 크다면 망을 한 겹 깔고 흙을 담아야 흙이 흐르지 않는다.

COOKING

김 마키

김의 1/3 부분에만 밥을 올려야 김에 말았을 때 모양이 잘 나온다.

재료 밥 1그릇, 김 큰 것 2장, 무순 1/2컵, 날치알 2큰술

단촛물 식초 1/2컵, 설탕 2큰술, 소금 1/4큰술, 다시마 손바닥 반만 한 것 1장

먼저 할 것 무순을 씻어 체에 밭쳐 물기를 뺀다.

> **TIP** 마키나 초밥용 밥은 평소보다 고들고들하게 해야 단촛물과 섞어도 질척이지 않는다. 단촛물은 한 번에 다 넣지 말고 두어 번에 나누어 넣고 섞으며 맛을 본다. 단촛물의 설탕은 기호에 따라 가감한다.

과정

1 단촛물 재료를 모두 넣고 랩을 씌워 전자레인지에서 30초간 돌려 설탕과 식초를 녹인다. 그런 다음 밥에 단촛물을 붓고 섞는다.

2 큰 김을 길이로 반을 잘라 한 쪽 끝을 삼각형으로 접는다.

3 접은 김을 펴서 밥-무순-날치알 순서로 올리고 접은 선을 기준으로 돌돌 만다.

COOKING

훈제연어 롤

간단하면서도 폼 나고 맛있는 레시피이다. 기름진 연어와 유자 드레싱이 찰떡궁합이다.

재료 훈제연어 10조각, 무순 1컵

유자 드레싱 유자청 1큰술, 레몬즙 1큰술, 올리브오일 1큰술

먼저 할 것 무순을 물에 헹군 다음 체에 밭쳐 물기를 뺀다.

과정

1 도마에 훈제연어를 올리고 무순을 10가닥 정도 올린다.

2 무순의 잎이 있는 쪽부터 시작하여 반대쪽 끝까지 돌돌 만다. 드레싱 재료를 모두 섞어 접시에 덜어 낸다. 드레싱은 먹기 직전에 뿌린다.

> **TIP** 유자 드레싱은 유자청, 레몬즙, 올리브오일이 각각 1:1:1이라 기억하기 쉽다.

새싹 적양배추 키우기

씨앗의 크기는 들깨보다 약간 작다. 발아가 무순이나 알팔파보다 느린 편이라 불린 씨앗이 상하지 않도록 신경을 써야 한다. 씨앗을 불리는 시간은 12시간을 넘기지 말아야 썩지 않는다. 또한 물을 갈 때 상한 냄새가 나지는 않는지 매번 확인해야 한다. 키우기가 까다로운 편이며 반복 수확은 어렵다.

재료 폴리 망(배수구망), 적양배추 씨앗 1큰술

과정

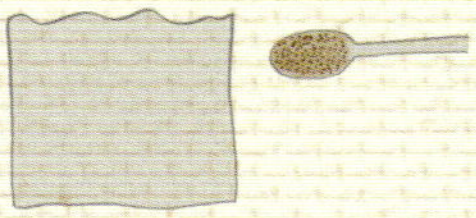

1 망에 적양배추 씨앗을 1큰술 넣는다. 햇빛은 선택이다. 없으면 없는 대로, 있으면 있는 대로 모두 좋다.

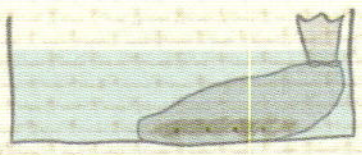

2 망에 담은 씨앗을 망째로 물에 하룻밤 불린다. 불린 후에는 깨끗한 물에 한 번 헹궈 용기에 얹어 둔다. 물이 고여 있으면 부패할 수 있으니 용기를 기울여 고인 물을 따라 낸다.

3 매일 아침저녁으로 하루 2번 헹구어 물을 공급한다. 하루 이틀 정도 지나면 씨앗 껍질이 갈라지며 노란색 싹이 돋기 시작한다.

4 씨앗 껍질이 갈라진 틈에서 뿌리가 나오기 시작한다. 마치 부패한 듯이 하얀 솜처럼 생겨서 상했다고 오해하는 경우가 많다. 자세히 보면 아주 가는 실처럼 일정한 길이로 자라 있다.

5 3~4일 정도 지나면 뿌리가 망 바깥으로 자란다. 줄기에 붙어 있는 떡잎의 색은 노란색이다가 점차 광합성을 하면서 초록색으로 물든다. 경우에 따라 떡잎의 색이 다를 수 있다.

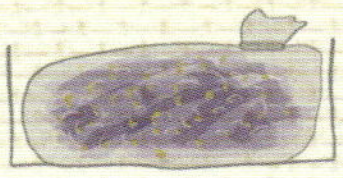

6 새싹 적양배추가 자라며 망이 하루가 다르게 부풀어 오르고 줄기 색이 보라색으로 물든다. 씨앗을 불려 재배한 지 1주일 정도 지나면 새싹 적양배추를 망에서 꺼내 물에 헹군다.

Tip

씨앗은 불리는 최초 하룻밤만 물에 담가 놓고, 그 이후에는 수확할 때까지 씨앗을 헹군 다음 물이 없는 용기에 얹어 두는 것을 반복한다.
헹구기만 해도 자라는 데 충분한 수분 공급이 된다.
만약 3일 이상 지나도 싹이 나지 않을 경우 냄새를 맡아 보아 상한 냄새가 나면 발아에 실패한 것이므로 씨앗을 버리고 새로 시작한다.

타코

칠리소스와 함께 청양고추를 잘게 다져 넣어도 맛있다. 양파를 다져서 넣는 것이 원조이지만 여기에서는 새싹채소를 이용하였다. 사워크림도 추가하면 좋다. 한 번 먹으면 계속 생각난다.

재료 새싹 적양배추 1컵, 소고기 다진 것 1컵, 간장 1큰술, 설탕 1/2큰술, 칠리소스 1큰술, 올리브오일 1큰술, 레몬즙 1큰술, 아보카도 1개, 토르티야 2장, 방울토마토 1컵

먼저 할 것 새싹을 물에 헹군 다음 체에 밭쳐 물기를 뺀다.

> **TIP** 아보카도는 손으로 만져 보아 부드러운 복숭아 정도로 말랑해졌을 때 먹어야 맛있다. 덜 숙성되면 칼도 잘 안 들어가고 씨를 제거하거나 껍질 벗기기도 어렵다.

과정

1 방울토마토를 4등분한다. 소고기는 분량의 간장과 설탕을 넣어 버무린 뒤 기름을 두른 팬에 볶는다.

2 아보카도는 반을 갈라 씨를 빼고 껍질을 벗겨 토마토와 같은 크기로 자른다. 토르티야는 기름 없는 팬에 중불로 노릇하게 구워 각각 4등분한다.

3 큰 볼에 토마토와 아보카도를 넣고 칠리소스, 올리브오일, 레몬즙을 넣어 섞는다. 접시에 모든 재료를 담아내고 토르티야에 각종 재료를 올려 싸 먹는다.

유리병 샐러드

유리병에는 아래쪽부터 단단한 재료를 담는다. 유리병이 좁고 긴 모양이면 먹기 불편하므로 입구가 넓고 많이 깊지 않은 것을 이용한다.

재료 새싹 적양배추 1/2컵, 양파 1/4개, 스파게티 면 삶은 것 1/2컵, 방울토마토 5개, 바질페스토 2큰술

유자 드레싱 유자청 1큰술, 레몬즙 1큰술, 올리브오일 1큰술

먼저 할 것 스파게티 면을 삶아 올리브오일, 소금, 후추에 버무린다.

> **TIP** 바질을 믹서가 아니라 직접 다져서 페스토를 만들 경우, 바질 2컵, 견과류 1/2큰술을 다져서 올리브오일 2큰술에 섞으면 간장 종지로 하나 정도 나온다.

과정

1 양파를 잘게 다져 찬물에 담가 매운맛을 뺀다.

2 볼에 유자 드레싱 재료를 담아 섞고 방울토마토를 4등분한다.

3 양파 건진 것-유자 드레싱-방울토마토-파스타면-바질페스토-새싹 순서로 담아 뚜껑을 덮어 두었다가 필요할 때 꺼내 먹는다.

새싹 알팔파 키우기

씨앗은 참깨와 모양, 색이 비슷하다. 무순처럼 재배하기 쉽고 자라는 속도가 빠르다. 대부분의 새싹채소처럼 병충해가 생기기 전에 수확을 해서 먹으니 물을 잘 갈아 주는 것 외에는 걱정할 것이 없다. 무엇보다 맵지 않아 어린아이들도 먹을 수 있다. 직접 키워 씻어 놓으면 줄기가 반짝거리며 싱싱하다. 반복 수확은 어렵다.

재료 폴리 망(배수구망), 알팔파 씨앗 1큰술

과정

1 망에 알팔파 씨앗을 1큰술 넣는다. 망에 씨앗이 들어 있는 상태로 물에 하룻밤 불려 발아에 필요한 수분을 충분히 흡수시킨다.

2 하룻밤 불린 씨앗이 들어 있는 망을 물에서 건져 깨끗한 물로 헹군다. 발아가 빨라 하룻밤 만에도 씨앗 껍질이 갈라지고 뿌리가 나올 준비를 한다. 햇빛은 선택이다.

3 처음 씨앗을 불리기 시작한 날부터 2일째가 되면 뿌리가 나오기 시작한다. 불린 이후에는 수확할 때까지 매일 아침저녁으로 헹구어 수분을 공급한다.

4 돋아난 것이 뿌리이고 뿌리와 연결되어 길어지는 것이 줄기이다. 경계가 뚜렷하지 않지만 굳이 구분하지 않아도 된다.

5 하루가 다르게 뿌리와 줄기가 자란다. 이때부터는 언제든지 수확해도 좋다.

6 씨앗을 불린 지 5일째가 되면 껍질을 완전히 벗는다. 햇빛을 받은 것들은 초록색으로 물든다. 씨앗 껍질이 완전히 벗겨지면 씻을 때 잘 떨어진다. 잘 안 벗겨지면 하루 이틀 더 키운다.

Tip

발아하면서 씨앗 껍질이 망 안에 쌓이기 시작한다. 수확할 때까지 매일 새싹과 같이 헹구다가 수확하는 날 그릇에 물을 받아 놓고 휘휘 저으면 껍질이 물 위에 떠서 쉽게 분리할 수 있다.

COOKING

새싹 소바롤

삶은 메밀국수의 물기를 충분히 제거하지 않으면 롤을 말 때 김이 풀어져 버리므로 체에 밭치거나 키친타월로 두드려 물기를 제거한다.

재료 새싹 알팔파 1/2컵, 김밥 김 1장, 메밀국수 1인분, 크랩 맛살 2줄, 와사비 1/4 작은술

먼저 할 것 새싹을 물에 헹군 다음 체에 밭쳐 물기를 뺀다.

TIP 새싹 알팔파 대신 무순으로 롤을 만들면 매워서 못 먹을 수도 있다.

과정

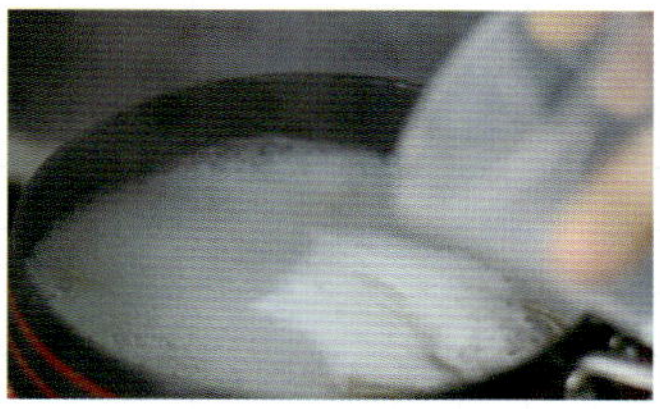

1 냄비에 라면 2개 끓일 만큼의 물을 붓고, 끓으면 메밀국수를 넣는다. 메밀국수를 넣고 끓으면 찬물을 1컵 넣고, 또 다시 끓어오르면 건져 찬물에 헹궈 물을 뺀다.

2 김발 위에 김을 올리고, 물기를 빼서 물방울이 떨어지지 않는 메밀국수를 김 위에 올린다. 김발-김-삶은 메밀국수 순서로 올린다.

3 메밀국수 위에 새싹과 크랩 맛살을 올리고, 김 끝에 와사비를 발라 김밥 말 듯만 다음에 먹기 좋은 크기로 썰어 접시에 담아낸다.

COOKING

새싹 월남쌈

월남쌈은 라이스페이퍼를 물에 적셔 각종 재료를 넣고 싸 먹는데, 칼로리가 낮고 포만감이 높아 저녁 다이어트식으로 이상적이다. 마음껏 먹어도 부담이 없다.

재료 새싹 알팔파 1컵, 빨강 · 노랑 파프리카 각 1/2개씩, 크랩 맛살 2개, 파인애플링 2개, 멸치액젓 1큰술, 물 1큰술, 라이스페이퍼 10장

TIP 멸치액젓을 원액 그대로 쓰면 짜니 동량의 물과 섞어서 찍어 먹는 소스로 쓴다.

과정

1 파프리카를 씻고 양쪽 끝을 잘라 길쭉하게 자를 수 있는 부분만 남긴다. 가운데 씨는 주위의 허연 부분과 같이 칼로 잘라 낸다.

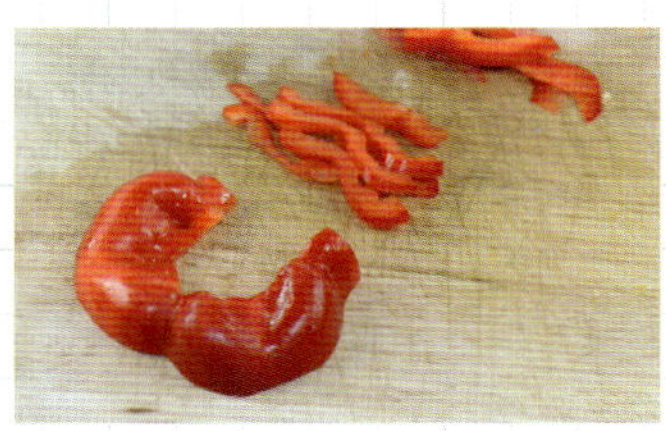

2 가운데 원통형은 길게 길이로 자르고, 끝의 구부러진 부분은 사진처럼 잘라 낸다.

3 새싹을 물에 헹군 다음 체에 밭쳐 물기를 뺀다. 파인애플은 3cm 길이로 썰고, 크랩 맛살은 굵게 찢는다. 멸치액젓은 동량의 물에 희석하여 종지에 담는다.

새싹 메밀 키우기

씨앗은 새끼손톱 반만 한 크기이고 단단한 껍질에 쌓여 있다. 그러나 물에 잘 불고 싹도 잘 나므로 걱정할 것은 없다. 씨앗 껍질이 벗겨질 때 안에 들어 있던 잎이 장미 꽃잎처럼 돌돌 말려 있다가 풀리며 펼쳐진다. 새콤한 맛이 독특하다. 매콤한 무순, 산뜻한 알팔파를 키워 보았다면 새로운 맛에 도전해 보자. 반복 수확은 어렵다.

재료 화분, 흙(원예용 상토), 통메밀 1작은술(수북하게)

과정

1 화분에 흙을 담고 씨앗을 뿌린다. 날씨앗이 보이지 않도록 섞고, 화분 아래에 물그릇을 받쳐 흙에 물을 먹인다. 화분이 무거워지면 물그릇을 빼고 랩을 덮는다.

2 씨앗을 심고 이틀 정도 지나면 흙 속에서 싹이 돋기 시작한다. 반팔을 입고도 춥지 않을 온도에 두어야 싹이 잘 난다. 랩은 스스로 밀고 올라오면 벗기고, 그 직후부터 빛을 쬐어 주어야 한다.

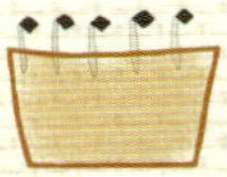

3 자라면서 흰색이나 붉은색 줄기가 길어진다. 싹이 랩을 밀어 내면 벗겨 준다. 랩을 벗기고부터는 매일 화분 아래에 물그릇을 10분간 받쳐 물을 준다.

4 씨앗을 심고 1주일 정도 지나면 껍질이 벗겨진다. 메밀은 씨앗 껍질 안에 잎이 장미처럼 도르르 말려 있다.

5 씨앗 껍질이 벗겨지면 잎 2장이 양쪽으로 펼쳐진다. 매일 물 주는 것을 잊지 않고 상태를 살피며 키운다.

6 씨앗 껍질이 벗겨진 이후부터는 언제든지 수확해도 좋다. 반복 수확이 어려우므로 흙 위로 바짝 잘라 먹는다.

묵사발

시원하면 시원한 대로, 따뜻하면 따뜻한 대로 후루룩 술술 먹을 수 있다.

재료(2인분) 도토리묵 1모, 김치 1/4포기, 설탕 1큰술, 식초 2큰술, 새싹 메밀 1줌, 김가루 2큰술(조미김 2장 분량), 통깨 1꼬집

멸치 다시마 육수 멸치 5마리, 다시마 5조각, 물 10컵, 국간장 1큰술

> **TIP** 김은 비닐봉지에 넣고 부수면 가루가 떨어지지 않고 깔끔하다. 봉지에 남은 김가루는 밥을 한 숟가락 넣어 주먹밥을 해 먹는다. 묵사발에 주먹밥을 곁들여도 좋다.
> 멸치 다시마 육수 대신 냉면 육수를 구입해서 식초와 설탕을 1큰술씩 넣고 먹어도 된다.

과정

1 냉면 육수 재료 중 멸치, 다시마, 물을 넣고 센불에서 끓인다. 끓으면 중불에서 물의 양이 절반이 될 때까지 졸인다. 졸인 육수는 체에 밭쳐 식힌다.

2 김치는 1cm 너비로 썰어 식초, 설탕에 버무린다. 그냥 먹을 때 많이 새콤달콤할 정도로 버무려야 묵과 함께 먹을 때 맛있다.

3 도토리묵은 물에 한 번 헹궈 손가락 1마디 길이로 썬다. 냉장고의 육수를 꺼내 식초, 설탕, 국간장을 분량대로 넣어 간을 한다. 그릇에 묵, 새싹 메밀, 김치, 김가루를 올리고 육수, 통깨를 뿌려 완성한다.

두 가지 색 그린 샐러드

새싹 메밀은 줄기가 연두색인 것과 붉은색인 것 2가지가 있다. 그중에 줄기가 붉은 것을 샐러드에 넣으면 색이 밝고 또렷해서 보기에 좋다. 적색 새싹 메밀이 없으면 적색 무순으로 대체 가능하다.

재료 깻잎 5장, 새싹 메밀 10가닥

양념 참기름 1큰술, 고춧가루 1/2큰술, 소금 1꼬집, 통깨 1/2큰술

먼저 할 것 깻잎과 새싹 메밀을 물에 헹군 다음 물기를 턴다.

과정

1 완성접시에 채소를 제외한 모든 재료를 담는다.

2 양념이 어우러지게 섞는다. 미리 버무리지 않고 나중에 채소를 뒤집어 가며 먹는 용도이다.

3 도마에 깻잎을 돌돌 말아 가늘게 썬다. 양념이 있는 접시에 가늘게 썬 깻잎을 담고 새싹 메밀을 손가락 2마디 길이로 잘라 얹어 완성한다.

밀싹 키우기

씨앗의 크기는 쌀알을 2개 붙여 놓은 것 같다. 곡물로 시판하는 밀을 이용해 키워도 싹이 터서 초록색 싹 부분을 수확할 수 있다. 다만 식용으로 파는 곡물은 도정 과정에서 겉면이 손상되어 싹이 트는 개수가 더 적을 수 있다. 그러나 수확해서 먹는 데는 문제가 없다. 밀싹은 2~3번 반복 수확이 가능하다.

재료 화분, 흙(원예용 상토), 통밀 1작은술

과정

1 통밀 1작은술을 물에 담가 6시간 불린다. 불리는 시간은 12시간을 넘지 않도록 한다. 물에 불리는 이유는 씨앗이 물을 충분히 흡수하여 싹이 날 수 있도록 하기 위해서이다.

2 화분의 흙에 물을 먹이고 씨앗을 흩뿌린다. 그런 다음 밀의 낱알이 겨우 안 보일 정도로 섞는다. 랩을 덮어 두었다가 스스로 밀고 올라오면 제거한다. 그후 물, 빛을 매일 충분히 준다.

3 3일 정도 지나면 흙 위로 싹이 올라온다. 처음에는 희거나 연노란색이다.

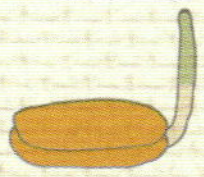

4 하루 이틀 햇빛이나 불빛을 받아 광합성을 하면 싹이 연두색으로 물든다.

5 1주일 정도 지나면 줄기가 점점 길어진다. 줄기가 손가락 1마디 이상이면 언제든지 수확해도 좋다.

6 자라면서 잎이 또 나와 한 번 심으면 2~3번 정도 수확해서 먹을 수 있다. 점차 억세지므로 수확 단계에 따라 먹는 방법을 달리해서 먹으면 좋다.

Tip

밀을 불리면 건조 상태의 약 2배 크기가 된다.
씨앗을 너무 깊게 심으면 싹 나는 것이 더디거나 싹이 나지 않을 수도 있다.

밀싹 주스

밀싹만으로 즙을 내면 첫 맛은 설탕처럼 강한 단맛이 나고 끝맛은 쌉싸름하다. 고소한 밀 냄새와 달달한 맛의 조화에 기분까지 건강해진다.

재료 밀싹 1/2컵, 물 1/2컵(종이컵에 밀싹과 물을 합쳐서 한 컵이 나오게 한다.)

먼저 할 것 밀싹을 줄기에서 잘라 흐르는 물에 씻어 물을 턴다.

과정

1 밀싹을 손가락 1마디 길이로 자른다. 섬유질이 많아서 잘게 자르거나 물을 많이 넣어야 잘 갈린다. 그러나 물을 많이 넣으면 밍밍해지므로 잘게 자르는 것을 추천한다.

2 믹서에 자른 밀싹과 분량의 물을 넣고 갈아 컵에 담아낸다.

TIP 밀싹 주스는 녹즙기에 밀싹만 넣고 갈아 먹어도 좋다. 녹즙기에 갈 경우 소주잔으로 1컵 정도가 적당하다. 셰이크로 만든다면 밀싹 1줌, 바나나 1개, 우유 200mL를 믹서에 넣고 간다. 바나나의 단맛만으로도 음료로 손색이 없다.

밀싹 떡쌈

기름을 바른 뒤 소금을 뿌려 구운 조미김을 이용해도 맛있지만 날김을 불에 살짝 구워 먹어도 맛있다. 기름장 대신 초간장이나 유자청을 넣은 간장 등을 곁들여도 좋다.

재료(2인분) 떡꾹떡(또는 떡볶이떡) 1컵, 밀싹 1컵, 손바닥만 한 김 10장, 간장 1큰술, 들기름 2큰술, 통깨 1/4큰술

먼저 할 것 밀싹을 물에 헹군 다음 물기를 턴다.

과정

1 떡에 들기름을 1큰술 뿌리고 잘 섞는다. 랩을 덮어 전자레인지에서 1분간 돌려 부드럽게 한다.

2 김을 길이로 절반 자른다. 쌈을 쌌을 때 밀싹과 떡이 보여 보기가 좋다.

3 간장, 들기름, 통깨를 종지에 담고 큰 접시에 밀싹과 데운 떡, 김, 간장을 함께 낸다.

보리싹 키우기

밀싹과 구분이 안 될 정도로 씨앗의 크기나 잎의 생김새가 비슷하다. 그러나 보리싹은 시판하는 곡물로는 싹이 나지 않는다. 이는 잎이 나올 부분이 도정 과정에서 손상되었기 때문이다. 보리싹은 순식간에 자라 대사가 활발해지니 키울 때 수분이 부족하지 않게 하는 것이 가장 중요하다. 2~3번 반복 수확이 가능하다.

재료 화분, 흙(원예용 상토), 껍질이 있는 보리 1작은술

과정

1 화분에 흙을 담고 씨앗을 흩뿌린다. 날씨앗이 겨우 보이도록 섞고 흙에 물을 먹여 랩을 덮는다.

2 2일쯤 지나면 흙 속에서 싹이 돋기 시작한다. 싹이 흙 위로 올라와 랩을 밀어 올리면 걷어 준다. 매일 물과 햇빛을 최대한 확보해 준다.

3 4~5일쯤 지나면 줄기가 길어진다. 그러는 동안 보리 껍질이 벗겨지기도 한다.

4 1주일 이상 지나면 보리 껍질이 거의 다 벗겨지고 잎이 초록색으로 물든다. 이때부터는 언제든지 수확해도 된다.

5 흙 표면에서 손가락 2마디 정도 여유를 두고 가위로 잘라 낸다. 갈라져서 잎이 나오기 시작하는 생장점까지 잘라 버리면 반복 수확이 어렵다.

COOKING

보리싹 비빔국수

보리싹을 푸짐하게 올리면 소면의 양을 1인분보다 조금 적게 해도 포만감이 느껴지므로 다이어트식으로 좋다.

재료 소면 1인분, 보리싹 1/2컵, 잘게 썬 김치 1/2컵, 고추장 1/3큰술, 설탕 1/3큰술, 통깨 1/3큰술, 식초 1큰술, 김가루 1큰술

먼저 할 것 보리싹을 씻은 다음 물기를 턴다.

TIP 김치에 넣는 식초와 설탕의 양은 집집마다 김치 맛에 따라 다른데, 신 김치는 식초의 양을 조금 줄이고 설탕을 조금 더 늘린다. 국수를 삶을 때 한 눈을 팔면 금세 물이 넘어 버리니 주의한다.

과정

1 냄비에 물을 올려 끓으면 소면을 넣고 삶는다. 한 번 끓어오르면 찬물 1컵을 넣고, 다시 끓어오르면 불에서 내려 찬물에 2~3번 씻어 전분기를 없애고 체에 밭쳐 물기를 뺀다.

2 보리싹을 손가락 2마디 길이로 썬다.

3 잘게 썬 김치에 소면과 보리싹을 제외한 재료를 모두 넣고 섞는다. 면기에 소면을 담고 양념을 한 김치와 보리싹, 김가루를 얹어 마무리한다.

COOKING

보리쌀 샐러드

생부추의 향이 거북한 사람들에게 추천한다.

재료 보리싹 1컵, 보리밥(또는 다른 익힌 곡물) 3큰술

오리엔탈 드레싱 간장 3작은술, 설탕 3작은술, 식초 3작은술, 깨 1작은술, 참기름 또는 오일류 3작은술, 물 3작은술(간장과 같은 양)

먼저 할 것 드레싱 재료를 미리 섞어 설탕이 녹도록 한다.

TIP 구우면 보리밥알의 크기가 절반으로 줄어든다.

과정

1 보리싹을 씻어 물기를 털고 손가락 2마디 길이로 썬다.

2 팬에 오일을 두르고 보리밥을 올려 중불에서 노릇하게 굽는다. 센불에서 구우면 금세 타 버린다.

3 너무 오래 구우면 딱딱해지니 겉은 바삭하게, 속은 부드러울 정도로만 굽는다. 접시에 보리싹과 구운 보리밥을 담고 먹기 직전에 드레싱을 뿌려 낸다.

어린잎 적근대 키우기

씨앗은 쥐눈이콩과 크기가 비슷하거나 더 작고 표면이 거칠다. 어린잎 적색 근대와 어린잎 적색 비트는 전문가도 육안으로 구분하기 어렵다고 한다. 잎이 나오기 시작하는 Y자로 갈라진 곳 위에서 수확하면 2~3번 반복 수확이 가능하다. 하지만 떡잎까지 수확한 다음에는 재생이 어려우니 다시 심는 것이 낫다.

재료 화분, 흙(원예용 상토), 어린잎 적근대 씨앗 1작은술(수북하게)

과정

1 화분에 흙을 담고, 씨앗 굵기만큼의 깊이로 씨앗을 심는다. 화분 아래서 물을 공급하여 흙이 충분히 젖도록 한다. 물 먹인 화분에 랩이나 봉지를 씌워 보습한다.

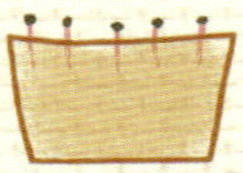

2 싹이 트면서 돋아난 싹이 랩을 밀어 내면 걷어 낸다. 랩을 걷어 낸 뒤부터는 햇빛을 충분히 보여 준다. 매일 물과 햇빛을 충분히 준다.

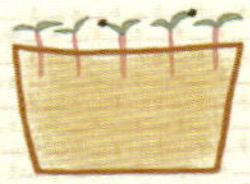

3 씨앗 껍질이 벗겨지면서 떡잎이 펼쳐진다. 이때 일부 싹은 씨앗 껍질이 완전히 벗겨지지 않고 남아 있을 수 있는데 자라면서 자연스럽게 벗겨지니 일부러 제거하지 않는다.

4 1주일쯤 지나면 본잎이 나오기 시작한다. 처음에는 작고 뾰족하지만 2~3번째 본잎부터는 근대 잎의 모양을 띠기 시작한다.

5 본잎은 떡잎과 다른 모양이다. 본잎은 붉은색 잎맥이 눈에 띈다. 본잎이 추가로 나와 손톱 길이만큼 자랐을 때가 수확해서 먹기 딱 좋다.

6 반복 수확을 하려면 본잎을 낱장으로 수확하고, 어린잎 화분이 여러 개라면 통째로 수확하는 것이 낫다.

Tip

페트병을 잘라 화분을 만들거나 바닥의 물구멍이 작은 화분을 이용할 경우에는 망으로 화분 구멍을 막지 않아도, 물을 화분 아래에서 줄 때 흙이 줄줄 새지는 않는다. 미생물에 의한 오염을 방지하거나 위에서 물을 주다가 흙이 튀는 것을 방지하기 위해서라도 물을 화분 아래에서 주는 방법을 추천한다. 이것이 바로 '저면 관수'이다.

COOKING

무화과 샐러드

어린잎 적근대와 양상추를 따로 준비하기 번거롭다면, 시판하는 유사한 조합의 샐러드 팩을 구입해서 이용해도 된다.

재료 무화과 2개, 양상추 3장, 어린잎 적근대 1/4컵

오리엔탈 드레싱 간장 3작은술, 설탕 3작은술, 식초 3작은술, 깨 1작은술, 참기름 또는 오일류 3작은술, 물 3작은술(간장과 같은 양)

과정

1 무화과를 씻어 4등분한다. 껍질을 굳이 제거하지 않아도 되지만 불편하다면 벗겨 낸다.

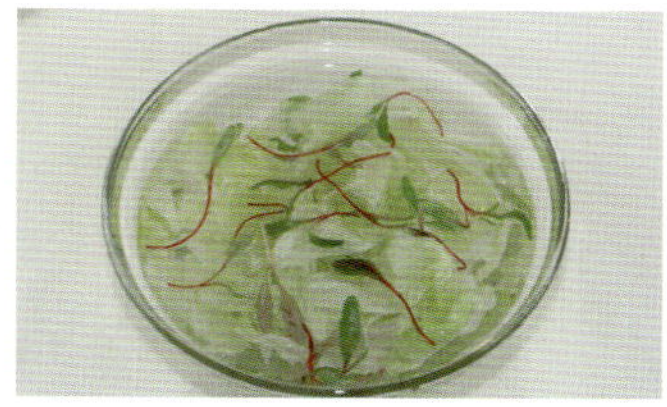

2 양상추와 어린잎 적근대를 찬물에 10분 이상 담가 둔다. 채소를 건져 물기를 턴 다음 양상추를 먹기 좋은 크기로 살살 찢는다. 드레싱 재료를 섞어 그릇에 담아 낸다.

TIP 새싹채소와 어린잎채소처럼 작은 채소는 채소 탈수기에 돌리거나 세게 털면 상하기 쉬우니 자연스럽게 물이 빠지도록 체에 밭쳐 둔다.

COOKING

오믈렛

어린잎 적근대 대신 어린잎 모듬을 사용해도 좋다. 달걀의 부드러움에 탱글탱글한 마카로니 그리고 신선한 채소의 조합으로 든든한 한 끼 식사가 된다.

재료 (붉은색이 섞인) 어린잎채소 1컵, 토마토소스 1/2컵, 마카로니 1/4컵, 달걀 2개, 슬라이스 치즈 1장, 소금 1꼬집

먼저 할 것 어린잎 적근대를 물에 헹군 다음 체에 밭쳐 물기를 뺀다. 마카로니를 삶아 건져 물기를 뺀다. 토마토소스를 전자레인지에 데운다.

과정

1 컵이나 볼에 달걀을 푼다. 이때 소금 1꼬집을 넣어 밑간을 하고, 덩어리진 알끈을 제거한다.

2 팬에 오일을 두르고 풀어 놓은 달걀을 붓는다. 불은 약하게 유지하며, 젓가락으로 바닥을 긁어 섞어 가며 바닥만 과하게 익지 않도록 한다.

3 달걀이 물처럼 흐르는 부분이 없어지면 슬라이스 치즈, 삶아 놓은 마카로니, 어린잎채소 순서로 올려 반으로 접는다. 그 위에 분량의 데운 토마토소스를 부어 먹는다.

어린잎 비타민채(다채) 키우기

씨앗의 크기는 들깨보다 작다. 어린잎채소 중 본잎이 2~3장 나올 때까지 키워 먹기 좋은 종류이다. 어린잎채소 역시 새싹채소처럼 일찌감치 키우기를 끝내고 수확하므로 병충해를 걱정할 필요가 없다. 다만 부피감 있게 키우려면 재배 기간이 2주 이상 되므로 병충해가 생길 수 있으니 주의해야 한다. 낱장으로 반복 수확이 가능하다.

재료 화분, 흙(원예용 상토), 비타민채(다채) 씨앗 1/2작은술

과정

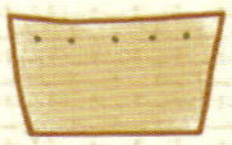

1 화분에 흙을 담고 씨앗을 흩뿌린다. 낱씨앗이 겨우 보이도록 섞고 흙에 물을 먹여 랩을 덮는다. 랩은 스스로 밀고 올라오면 벗긴다. 랩을 벗긴 이후부터 매일 물과 빛을 충분히 준다.

2 씨앗을 심고 2일 정도 지나면 흙 속에서 뿌리가 나오기 시작한다. 비타민채(다채)는 잔뿌리가 많아서 솜털처럼 보이기도 한다. 이는 곰팡이가 아니니 놀라지 말자.

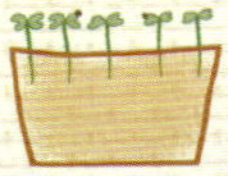

3 1주일쯤 지나면 떡잎이 나온다. 일부 새싹은 씨앗 껍질을 달고 있기도 한데, 일부러 벗기지 말고 자연스럽게 떨어지도록 둔다.

4 떡잎이 나오고 잠시 자라는 것이 멈춘 것 같다가 하루 이틀 정도 더 지나면 본잎이 나오기 시작한다. 본잎은 처음에는 비타민채(다채)같지 않다.

5 10일 정도 지나면 대부분 본잎이 나오지만, 일부 발아가 늦는 씨앗은 더 오래 걸릴 수도 있다.

6 본잎이 나온 이후에는 언제든지 수확해도 좋다. 떡잎까지 바짝 잘라 이용한다.

Tip

화분 아래에 물그릇을 받쳐 물을 주면, 잎 위에서 물을 주어 흙이 잎까지 튀는 것을 방지할 수 있어 씻는 과정이 간편해진다.

COOKING

어린잎 리코타 치즈 샐러드

우유만으로 만드는 리코타 치즈 레시피이다. 생크림을 사용할 경우 남은 생크림 처리가 번거로울 수 있어서 우유만으로 만드는 레시피를 추천한다. 치즈의 뻑뻑함 정도는 유청의 양으로 조절한다. 한눈을 팔면 우유 냄비가 넘치므로 주의한다.

재료 어린잎채소 2컵, 우유 1L, 식초 1/4컵, 소금 1/2큰술, 발사믹 글레이즈 소스 1큰술, 올리브오일 1/4컵, 식빵 1조각

먼저 할 것 어린잎채소를 수확해서 헹군 뒤 체에 밭쳐 물기를 뺀다. 채소 탈수기를 사용한다면 어린잎채소가 상하지 않도록 살살 돌린다.

> *TIP* 발사믹 글레이즈 소스는 레드와인 식초를 졸여 단맛을 가미한 걸죽한 소스이다. 발사믹 소스라고도 한다. 구입할 때 발사믹 식초와 혼동하지 않도록 한다.

과정

1 냄비에 우유를 붓고 중불로 끓인다. 중간에 나무주걱으로 바닥까지 저어 눌러붙지 않도록 한다. 끓기 시작하면 분량의 소금-식초 순으로 넣는다. 누르스름하면서 맑은 물이 나오는데 이것을 유청이라고 한다. 약 3분 정도 끓이고 불을 끈다.

2 우유를 끓여 식힌 것을 망에 넣고 유청과 단백질 응고된 것을 나눈다. 이렇게 응고된 것이 리코타 치즈이다. 망에 담은 치즈가 식어 미지근해지면 손으로 살짝 눌러 유청을 빼고 원하는 농도를 맞춘다. 유청이 적게 빠질수록 부드럽다.

3 프라이팬에 기름 없이 식빵을 올려 약불에서 노릇하게 앞뒤로 구워 4등분한다. 어린잎채소를 접시에 펼쳐 담고, 그 위에 리코타 치즈를 듬성듬성 떼어 올리고, 식빵을 올린 다음 발사믹 소스와 올리브오일을 지그재그로 뿌린다.

COOKING

어린잎 수란 브런치

수란은 보통 물을 끓여서 하면 실패하는 경우가 많은데, 이 레시피처럼 물이 들어 있는 밥그릇에 달걀을 깨서 넣고 전자레인지에서 짧게 돌리면 노른자가 흐르는 부드러운 수란을 만들 수 있다. 조리 시간도 짧다.

재료(2인분) 어린잎 비타민채(다채) 1컵, 달걀 1개

오리엔탈 드레싱 간장 3작은술, 설탕 3작은술, 식초 3작은술, 깨 1작은술, 참기름 또는 오일류 3작은술, 물 3작은술(간장과 같은 양)

먼저 할 것 어린잎채소를 물에 헹군 다음 체에 밭쳐 물기를 뺀다.

과정

1 밥그릇에 절반 정도 물을 담고 달걀을 깨서 넣는다. 이 상태로 전자레인지에서 1분간 돌린다.

2 1분 후에 꺼내서 상태를 보고 다시 1분을 추가로 돌리면 합해서 2분 전후의 시간이면 달걀이 익는다. 2분을 한 번에 돌리면 달걀이 퍽퍽해질 수 있으니 나누어 돌리도록 한다.

3 어린잎 비타민채는 낱장으로 떼고, 오리엔탈 드레싱 재료는 작은 볼에 재료를 모두 넣고 섞는다. 접시에 손질한 비타민채, 수란을 올리고 익힌 채소를 곁들여 드레싱과 함께 담아낸다.

새싹 완두 키우기

씨앗이 초록색이 아니라면 약제로 소독되었을 수 있으니 어린잎으로는 먹지 않도록 한다. 완두 싹에서는 날콩 냄새가 난다. 잎 1~2장과 덩굴손을 함께 잘라 먹는다. 자라는 동안 반복 수확하기 좋다. 그러나 자랄수록 점점 질겨지니 어릴 때 먹는 것이 맛있다. 키우다가 수확을 더디게 하면 하얀 꽃이 피고 콩깍지도 달린다.

재료 / 화분, 흙(원예용 상토), 완두 3알

과정 /

1 화분에 흙을 담고 물을 먹인 후 완두를 씨앗 굵기의 깊이로 심는다. 날 씨앗이 안 보이도록 주위의 흙으로 덮어 준다. 랩을 씌우면 싹 트는 데 도움이 된다.

2 반나절 이상 지나면 흙 속에서 완두가 물을 흡수해서 2배 크기로 통통하게 부푼다. 랩을 제거한 후부터는 매일 물과 빛을 충분히 준다.

3 약 1주일이 지나면 흙 속에서 싹이 돋아난다. 점차 초록색으로 물이 든다. 이때 우량한 하나만 남기고 2개는 뽑아 버린다. 그래야 공간이 넉넉하여 크게 자랄 수 있다.

4 2주쯤 되면 덩굴손과 잎이 교대로 나면서 완두의 잎 모양이 완연히 드러난다.

5 덩굴손이 나오면 하루가 다르게 수확할 부분이 생긴다. 보통은 1개월 이내에 이런 모습이 된다. 이때부터는 줄기와 잎을 일부씩 잘라 먹으면 된다.

6 반복해서 수확하려면 자랄 부분을 남겨 놓고 새로 나온 잎과 덩굴손을 자른다. 두부요리 위에 올리거나 음식 위에 조금씩 올려 먹어도 좋다.

Tip

싹이 난 반대쪽에는 뿌리가 흙 속으로 자란다.

COOKING

밥 샐러드

샐러드의 색을 다채롭게 하기 위해 흑미를 넣었다. 흑미 특유의 향이 불편하다면 율무나 귀리 등의 잡곡으로 대체하여 색깔 대신 식감을 즐겨 보자.

재료(2인분) 흑미(찰흑미) 1컵, 오렌지 1개, 완두(또는 아몬드 슬라이스) 1/2컵, 어린잎 완두 2컵

양념 올리브유 5큰술, 후추 1꼬집, 소금 1꼬집 , 레몬즙 1큰술(생략 가능)

먼저 할 것 평소보다 물을 적게 잡아 고슬고슬한 샐러드용 흑미밥을 짓는다. 흑미 1컵이라면 물은 1컵보다 적게, 흑미 1+1/2컵이라면 물은 1컵 분량으로 한다.

TIP 즉석 흑미밥이나 현미밥을 이용해도 좋다.

과정

1 오렌지는 씻어 껍질을 위아래로 쳐 내고 옆면을 돌려 가며 제거한다. 그 다음 속껍질을 벗겨 가며 살만 발라 낸다.

2 볼에 식힌 밥을 담고 분량의 올리브유를 뿌린다. 오렌지 1개는 과육 부분을 살뜨기해서 볼에 담는다. 남은 속껍질은 손으로 즙을 짜서 밥 위에 뿌린다.

3 완두를 그릇에 담고 물을 1/2컵 넣는다. 그대로 랩을 씌워 전자레인지에서 1분간 익힌다. 재료가 담긴 볼에 익힌 완두와 나머지 재료를 모두 넣고 섞어서 완성한다.

COOKING

자몽 미니컵 샐러드

여러 명이 둘러앉아 식사를 할 때 이 샐러드를 미리 준비해서 냉장고에 넣어 두었다가 음식이 준비되는 동안 내놓으면 시간을 벌 수 있다.

재료(2인분) 자몽 1개, 캐슈넛 또는 땅콩 1큰술, 어린잎 완두 1/2컵

오리엔탈 드레싱 간장 3작은술, 설탕 3작은술, 식초 3작은술, 깨 1작은술, 참기름 또는 오일류 3작은술, 물 3작은술(간장과 같은 양)

TIP 살뜨기하고 남은 껍질과 일부 과육은 믹서에 듬성듬성 갈아서 잼을 만들면 남김없이 사용할 수 있다.

과정

1 자몽 위아래 껍질을 쳐 내고 옆면에 칼집을 넣어 두꺼운 껍질을 제거한다. 어린잎 완두는 물에 헹군 다음 물기를 뺀다.

2 자몽의 속껍질을 손으로 살살 벗긴다. 어린잎 완두는 듬성듬성 손으로 뜯는다. 작은 볼에 손질한 자몽-어린잎 완두-캐슈넛을 순서대로 올린다.

3 드레싱 재료를 섞어 그릇에 담아낸다. 그러나 바로 먹지 않고 보관하며 먹을 예정이라면 먹을 때마다 조금씩 섞도록 한다.

PART 2

잎채소

상추 키우기

씨앗은 길이 5mm 정도의 초승달처럼 생겼다. 마르지 않게 물만 잘 줘도 장마 전까지 풍성하게 수확할 수 있다. 1주일에 1번 덧거름을 주면 상추 몇 포기로 삼겹살 파티를 할 수 있을 만큼 수확량이 많다. 그러나 햇빛이 부족하다면 수확량이 현저히 적어지므로 LED 조명과 타이머를 이용해 해가 뜨고 지는 시간에 맞춰 켜 주기를 추천한다.

재료 화분, 통에 들어갈 만큼의 흙(원예용 상토), 상추 씨앗 3개, 퇴비 또는 수경 재배용 양액

과정

1 화분에 흙을 담고 물을 충분히 먹여 상추 씨앗 3개를 씨앗 굵기만큼의 깊이로 심는다. 그 위에 흙을 한 겹 정도 뿌린다는 생각으로 덮어 준다. 그런 다음 랩을 덮어 습도를 유지한다.

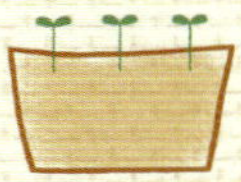

2 2~3일 안에 떡잎이 나온다. 상추의 떡잎은 타원형으로 무나 브로콜리 또는 배추 등의 하트 또는 클로버 모양과는 다르다. 이때부터 햇빛을 최대한 많이 받을 수 있는 곳에 둔다.

3 떡잎이 나온 이후에 셋 중 우량한 것을 하나만 남기고 제거한다. 아깝다고 셋 다 키우면 하나도 제대로 못 키울 수 있으니 욕심내지 않는다.

4 1주일 전후로 본잎이 나온다. 처음 나오는 본잎은 상추같지 않지만 점차 제 모습을 갖춘다. 덧거름은 떡잎이 나온 이후부터 1주일에 1번씩 준다.

5 3주 이상 지나면 떡잎이 시들어 떨어지기도 한다. 이제 점점 상추의 모습을 띠고 색깔도 짙어진다. 빛을 많이 볼수록 초록이 진해지고, 적상추는 검붉게 물든다.

6 본잎이 5장 이상 되면 언제든지 낱장으로 수확해도 좋다. 통으로 수확하려면 원하는 크기가 될 때까지 기다렸다가 밑동을 잘라 수확한다.

Tip

물은 수확할 때까지 흙 표면이 마르면 화분 구멍으로 물이 빠져 나오도록 충분히 준다.
씨앗을 깊이 심으면 발아가 늦거나 잘 되지 않을 수 있으므로 씨앗 굵기의 3배를 넘지 않도록 한다.
낱장으로 수확한다면 잎자루를 잡고 가장 바깥쪽 잎부터 한 번에 1장씩 줄기가 찢어지거나 부러지지 않도록 눌러 젖힌다.
랩은 스스로 밀고 올라오면 벗기고, 그 직후부터는 매일 물과 햇빛을 충분히 준다.

상추 김 낫토 카나페

요리라고 할 것도 없이 간단하지만 맛있고 신선하다. 들기름의 향이 김과 낫토·상추 모두에 어울리고, 상추의 아삭함이 낫토의 끈적임을 상쇄시켜 준다.

재료 김(조미김 또는 생김) 3장, 상추 1장, 낫토 작은 것 1팩, 들기름 3큰술

먼저 할 것 상추는 물에 씻은 다음 물기를 턴다.

과정

1 접시에 김-상추 순서로 올린다. 상추는 3등분해서 1장씩 사용한다.

2 시판 낫토에 함께 들어 있는 간장, 겨자 소스를 넣고 잘 비빈다. 실처럼 끈이 생기도록 저으면 된다.

3 김-상추를 올린 위에 낫토를 듬뿍 얹고 들기름을 뿌려 먹는다.

상추 쌈밥

우렁살을 구하지 못할 경우에는 조갯살로 대체해도 맛있다. 육수 낼 시간이 없다면 우렁살은 데쳐서 판매하는 경우가 많아 감칠맛이 빠져 나갔을 수 있으므로 조갯살로 대체하도록 한다.

재료(2인분) 상추 12장, 두부 1/2모, 양파 1개, 우렁살 1/2컵, 밥 2그릇, 멸치육수 1/2컵

멸치 육수 다시마 1조각, 멸치 5마리, 물 2컵

먼저 할 것 상추를 씻은 다음 체에 밭쳐 물기를 뺀다. 우렁살도 역시 물에 한 번 헹군다.

과정

1 냄비에 물 2컵을 붓고 다시마와 멸치를 넣어 처음에는 센불, 끓으면 중불에서 끓인다. 양이 절반으로 줄고 뽀얗게 되면 불을 끄고 체에 걸러 육수만 남긴다.

2 두부는 쌈에 넣어도 흘러내리지 않도록 엄지손톱만 한 크기로 자르고 양파는 다진다.

3 상추와 밥을 제외한 재료를 모두 넣고 양파가 투명해질 때까지 중불에서 10분 정도 볶듯이 익힌다. 물이 많다면 센불에서 수분을 날려 준다. 상추 꼭지 부분 1/3을 접고 밥을 동그랗게 뭉쳐 놓고 그릇에 원형으로 담아낸다.

치커리 키우기

씨앗은 참깨가 각진 것 같은 모양과 크기이다. 고깃집에서 무침으로 자주 쓰는 채소이다. 추위에 강한 편이라 쌈채소 중에서 상추와 함께 가장 먼저 나온다. 치커리를 상추 옆에 심었다가 함께 수확하면 쌈밥에 제격이다. 꽃대가 올라오면 맛이 없으니 새로 심기를 추천한다. 낱장으로 뜯으면 반복 수확이 가능하다.

재료 / 화분, 통에 들어갈 만큼의 흙(원예용 상토), 치커리 씨앗 3개, 퇴비 또는 수경 재배용 양액

과정 /

1 화분에 흙을 담고 물을 먹인 후 씨앗 굵기의 깊이로 씨앗 3개를 심는다. 랩을 덮으면 싹이 좀 더 빨리 나올 수 있다.

2 화분을 2일 정도 따뜻한 방 안에 두면 싹이 나는데, 뿌리가 먼저 돋아난다. 이는 대부분의 채소 씨앗에서 공통적으로 나타나는 현상이다.

3 1주일 정도 지나면 떡잎이 타원형으로 2장 나온다. 흙 위로 무엇인가 나오기 시작하면 튼튼하게 자랄 수 있도록 최대한 햇빛을 확보해 준다.

4 떡잎이 나오고 1주일 정도 더 지나면 본잎이 삐죽하게 나온다. 새로 나오는 잎들은 처음에는 연두색이지만 햇빛을 볼수록 초록색이 짙어진다.

5 1개월 이상 물과 덧거름을 주면서 키우면 잎의 개수가 많아지고 잎의 크기도 커진다. 본잎이 5장 이상일 때부터는 언제든지 뜯어 먹어도 된다.

6 수확할 때는 잎의 낱장을 아래로 젖혀 잎자루째 잘라 낸다. 줄기가 튼튼하면 잎의 개수도 많고 더 빨리 재생된다. 자주 더 많이 수확하려면 물과 양분 그리고 햇빛을 잘 쬐어 주어야 한다.

Tip

랩은 새싹이 밀고 올라오면 벗겨 주고, 그 직후부터는 매일 물과 햇빛을 충분히 주어야 튼튼하게 자란다.

장마철이라면 햇빛이 부족해 거의 자라지 않아 수확이 어려울 수 있다. 햇빛이 부족한 공간이라면 LED 전구를 켜 주면 좋다. 전구를 켜 줄 때는 타이머를 같이 달아서 해가 뜨고 지는 시간을 맞춰 주면 식물이 자연 상태인 것처럼 착각한다.

치커리 겉절이

겉절이는 먹기 바로 전에 무쳐야 숨이 죽지 않고 아삭하게 먹을 수 있다. 무쳐 두면 맛이 없으니 먹기 직전에 재빠르게 무쳐 신선하게 먹는 것을 추천한다.

재료(2인분) 치커리 1/2봉지, 간장 1/2큰술, 멸치액젓 1/2큰술, 설탕 1/2큰술, 고춧가루 1/2큰술, 식초 1/2큰술, 참기름 1/2큰술, 통깨 1/2큰술

먼저 할 것 치커리를 물에 헹군 다음 물기를 뺀다. 물기를 빼지 않으면 양념이 희석되어 싱거워질 수 있다.

TIP 처음부터 간간함이 느껴지면 짤 수 있으므로 약간 싱거운 듯이 무치는 편이 나중에 적당하다.

과정

1 치커리를 손가락 2마디 길이로 자른다.

2 그릇에 치커리를 제외한 모든 재료를 담고 숟가락으로 고루 섞어 양념장을 만든다. 설탕과 멸치액젓을 넣으면 감칠맛이 난다.

3 양념장 위에 손질한 치커리를 넣고 재빠르게 골고루 섞어 접시에 담아낸다. 무칠 때 아래에 있는 치커리를 반복하여 위로 끌어 올리면 전체적으로 양념이 밴다.

치커리 비빔밥

비빔밥은 부가 재료가 많아 밥을 1그릇 다 넣으면 양이 많아질 수 있으니 밥 양을 조금 적게 잡는다.

재료(1인분) 치커리 5장, 참치캔 작은 것 1개, 달걀 1개, 밥 1/2그릇, 고춧가루 1/4큰술, 초고추장 1/2큰술, 들기름 1/2큰술(참기름으로 대체 가능, 생략 가능)

먼저 할 것 치커리를 물에 헹군 다음 물기를 뺀다.

TIP 참치를 볶으면 수분이 날아가서 비빔밥이 질척해지지 않는다.
고춧가루 대신 고추기름으로 볶아도 된다.
달걀 프라이를 할 때 뚜껑을 덮으면 더 빨리 그리고 아랫부분이 타기 전에 흰자가 완전히 익는다.

과정

1 치커리를 손가락 2마디 길이로 썬다. 물기를 잘 털어 내야 밥이 싱겁지 않다.

2 참치캔을 따서 기름을 절반 버린 후 팬에 붓는다. 여기에 분량의 고춧가루를 참치에 색이 날 정도로만 넣고 볶다가 수분이 다 날아가면 불을 끈다. 이렇게 하면 비빔밥이 질척해지지 않는다.

3 볼에 분량의 밥, 볶은 참치, 손질한 치커리 그리고 달걀 프라이를 올리고 초고추장과 들기름을 넣어 비벼 먹는다.

깻잎 키우기

깻잎의 씨앗은 참깨가 아니라 들깨이다. 볶지 않은 신선한 들깨가 있다면 흙에 엄지손톱만큼을 흩뿌린 후 물을 뿌리고 랩을 덮어 두면 1주일 전후로 싹이 올라온다. 새싹으로 키워도 향긋하다. 1주일에 1번씩 덧거름을 주어 영양 공급을 원활히 하면 잎이 크고 많아져서 수시로 반복 수확하면서 먹을 수 있다.

재료 화분, 통에 들어갈 만큼의 흙(원예용 상토), 깻잎 씨앗 5개, 퇴비 또는 수경 재배용 양액

과정

1 화분에 흙을 담고 씨앗 5개를 심고 물을 충분히 먹인다. 깻잎은 싹 틔우기가 비교적 쉽지 않아 씨앗 개수를 더 많이 잡는다.

2 1주일 전후로 떡잎이 나와 새싹이 랩을 밀어 올리면 벗겨 낸다. 키우다가 본잎이 나오면 하나만 남기고 나머지를 제거한다. 랩을 벗겨 낸 직후부터 물과 햇빛을 충분히 준다.

3 떡잎이 나온 주변에 연속으로 잎이 추가로 나온다. 씨앗을 심고 3주 정도 지나면 본잎이 계속 나오면서 점점 깻잎 자체의 모양이 나기 시작한다.

4 양분을 부지런히 주어야 수확 주기가 짧아지니 퇴비나 수경 재배용 양액 등의 덧거름을 1주일에 1번씩 주어 영양분이 부족하지 않도록 신경 쓴다.

5 본잎이 나온 이후에는 언제든지 수확해도 된다. 큰 잎을 낱장으로 또는 통째로 수확해서 먹는다. 낱장으로 수확하면 반복 수확이 가능하다.

6 수확할 때마다 퇴비나 수경 재배용 양액으로 양분을 추가 공급한다.

깻잎튀김

요리하고 남은 깻잎을 조림으로 하기에는 양이 적고 부침으로 하기에는 손이 많이 간다면 간단하게 부침가루만 가지고 튀김을 해보자. 칼질만 몇 번 하면 근사하고 자꾸만 손이 가는 술안주로 변신한다.

재료(2인분) 깻잎 10장, 부침가루 2큰술, 소금 1꼬집, 통깨 1꼬집, 식용유 1컵

먼저 할 것 깻잎을 씻어 물기를 털고 키친타월로 낱장을 두드려 물기를 완전히 없앤다. 물기를 완전히 없애지 않고 조리하면 튀길 때 기름 온도가 많이 떨어져서 잘 튀겨지지 않는다.

과정

1 깻잎 꼭지를 자르고 폭 5mm 이내로 썬다.

2 볼에 손질한 깻잎을 담고 분량의 부침가루를 넣어 털 듯이 섞는다.

3 팬에 식용유를 붓고 가열하다가 부침가루를 1꼬집 넣어 위로 뜨면 준비한 부침가루 묻힌 깻잎을 한 젓가락씩 넣고 튀긴다. 튀기다가 기포가 더 이상 나지 않으면 건져 키친타월에 얹어 기름을 뺀다. 튀김 위에 분량의 소금과 통깨를 뿌려 마무리한다.

깻잎 페스토

바질 페스토를 만드는 방법에서 바질 대신 깻잎을 넣어 페스토를 만들어도 향긋하고 맛있다. 빵이나 크래커에 잼 대신 발라 먹거나 파스타를 삶아 비벼 먹어도 좋다. 믹서로 갈려면 오일이 많이 필요하므로 번거롭더라도 도마에서 다지면 오일 양을 줄일 수 있다.

재료(2인분) 깻잎 5장(또는 깻순 1컵), 올리브오일 1/2컵, 견과류 1/2컵

먼저 할 것 견과류를 팬에 기름 없이 노릇하게 볶는다. 견과류를 한 번 볶으면 고소한 페스토를 만들 수 있다. 견과류를 볶을 때 불을 세게 하면 금방 타 버리니 불 조절에 신경을 쓴다. 만약 이 과정이 번거롭다면 생략해도 큰 문제는 없다.

과정

1 깻잎(또는 깻순)을 씻어 키친타월에 놓고 물기를 뺀다.

2 믹서에 분량의 재료를 모두 넣고 간다. 너무 곱게 갈면 죽처럼 되니 입자가 보이는 정도로 간다. 다 되면 그릇에 옮기고 남은 것은 밀폐용기에 보관한다. 보관은 냉장해서 1주일 정도 가능하다.

TIP 깻순을 구입하면 간혹 꽃대가 올라온 것을 볼 수 있는데 먹어도 문제없다. 이 꽃대가 자라면 들깨가 들어차게 되는데, 이것을 꺾어 튀겨 먹으면 톡톡 터지는 맛이 별미이다.

쑥갓 키우기

씨앗은 치커리와 비슷하나 약간 더 크다. 쑥갓과 쑥의 차이점을 궁금해하는 사람이 많은데, 서로 전혀 다른 것이다. 흔히 쑥갓은 가정이나 농장에서 재배용으로 키우고, 쑥은 야생으로 들판이나 언덕에서 자란다. 빼곡하게 심으면 병충해가 생기기 쉬우므로 통풍이 잘 되도록 하는 것이 중요하다. 일반 잎채소보다 키가 크게 자라며 반복 수확이 가능하다.

재료 화분, 통에 들어갈 만큼의 흙(원예용 상토), 쑥갓 씨앗 3개, 퇴비 또는 수경 재배용 양액

과정

1 화분에 흙을 담고 물을 먹인 후 씨앗 굵기의 깊이로 씨앗 3개를 심는다. 랩을 덮으면 싹이 좀 더 빨리 나올 수 있다.

2 씨앗을 심고 1주일 전후로 새싹이 랩을 밀어 올리면 벗겨 낸다. 이때부터는 매일 물을 흠뻑 주고 햇빛도 충분히 쬐어 준다.

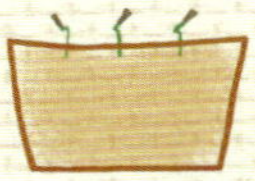

3 떡잎이 나오면서 씨앗 껍질이 완전히 벗겨지지 않았을 때는 일부러 벗겨 내지 말고 그대로 두어 자연스레 떨어지게 한다.

4 씨앗을 심고 약 1주일 전후로 떡잎이 완전히 펼쳐진다. 그중 우량한 하나만 남기고 나머지는 제거해서 하나만 크게 키운다.

5 떡잎이 완전히 펼쳐지고 며칠 뒤에 본잎이 나오는데 톱니처럼 뾰족뾰족하다. 본잎이 나온 이후에는 1주일에 1번씩 추가 양분을 준다.

6 씨앗을 심고 약 1개월 정도 지나면 언제든지 수확해도 좋다. 먼저 나온 잎부터 수확한다.

두부김치

새콤한 김치에 설탕을 약간 넣어 볶으면 신맛이 덜하고 부드러워져 더 맛있게 먹을 수 있다.

재료 두부 1모, 신김치 2컵, 쑥갓 1컵, 설탕 1큰술, 볶음용 올리브오일 1큰술
먼저 할 것 쑥갓을 씻어 물기를 뺀다.

TIP 볶다가 김치가 투명해지기 시작하면 물을 반 컵 부어 센 불에서 끓인다.

과정

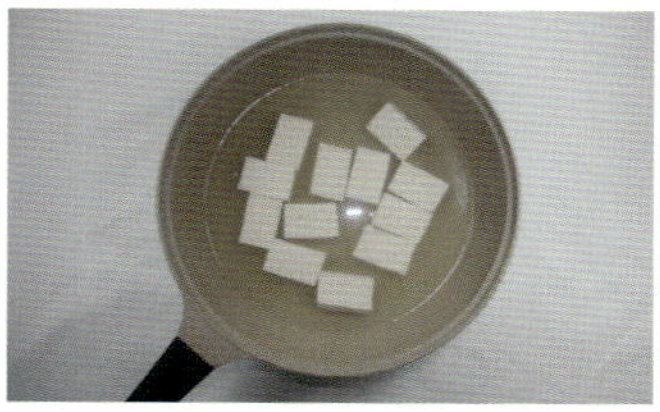

1 두부를 넓적한 깍두기 모양으로 썰어 끓는 물에 10분간 데친다.

2 데친 두부를 체에 밭쳐 물기를 뺀다.

3 올리브오일을 두른 팬에 김치를 손가락 1마디 길이로 썰어 넣고 볶다가 김치가 투명해지기 시작하면 분량의 설탕을 넣고 완전히 투명해질 때까지 볶아 그릇에 담아낸다.

어묵탕

실곤약과 나무 꼬지는 없을 경우 생략해도 무관하다.

재료 쑥갓 1컵, 어묵탕용 모듬어묵 1봉지, 실곤약 1/2컵, 어묵용 나무 꼬지 3개, 간장 1/2큰술, 삶은 달걀 1개(생략 가능)
육수 멸치 10마리, 다시마 1장, 무 2cm 1토막, 물 5컵
먼저 할 것 쑥갓을 씻어 물기를 뺀다.

TIP 무를 좋아한다면 건져 내지 말고 어묵과 함께 먹는다.

과정

1 어묵을 꼬지에 끼운다.

2 냄비에 멸치, 다시마, 무를 넣고 물 5컵을 부어 육수를 끓인다. 센불에서 끓기 시작하면 중불로 바꾼다. 육수의 양이 절반으로 줄어들면 멸치, 다시마, 무를 모두 건져 낸다.

3 실곤약 1가닥을 손가락 길이로 접어 매듭을 묶는다. 육수에 꼬지를 끼운 어묵, 곤약을 넣고 센불에서 팔팔 끓인다. 끓으면 간장으로 간을 하고 불을 끈 후 쑥갓과 삶은 달걀을 올려 완성한다.

열무 키우기

씨앗의 크기는 어른 새끼손톱 1/4 정도이고 모양은 둥글다. 정상 씨앗이라면 누구나 열무 싹 틔우기에 실패하지 않을 정도로 잘 자란다. 무순은 이 열무의 씨앗을 키운 것이다. 만약 무순 씨앗이 남았다면 크게 키워 열무를 수확해 보는 것도 좋다. 2주~1개월 정도 키우면 질겨지고 꽃대가 올라오니 반복 수확하기보다는 한 번에 뿌리째 뽑아서 먹는 것이 낫다.

재료 화분, 통에 들어갈 만큼의 흙(원예용 상토), 열무 씨앗 3개, 퇴비 또는 수경 재배용 양액

과정

1 화분에 흙을 담고 물을 먹인 후 씨앗 굵기의 깊이로 씨앗 3개를 심는다. 랩을 덮으면 싹이 좀 더 빨리 나올 수 있다. 랩을 벗겨 낸 직후부터 매일 물과 햇빛을 충분히 준다.

2 1주일 안에 싹이 나서 떡잎이 보인다. 열무는 다른 채소 씨앗보다 싹이 빨리 나는 편이라 2일 만에도 흙 위에 노랗게 싹이 보일 수 있다.

3 본잎이 나오기 시작하면 가장 우량한 하나만 남기고 모두 제거한다. 하나만 키우는 이유는 공간 부족으로 인해 주위의 싹이 뿌리와 잎이 전개되는 것을 방해하기 때문이다.

4 처음 나온 본잎은 길쭉하기만 하고 열무같지 않지만, 이후에 새로 나는 잎들은 완연히 열무의 모양을 띤다.

5 물과 덧거름을 주며 1개월 이상을 키우면 수확할 만큼 커진다. 열무는 줄기가 길어 작은 컵에는 키우기 어려우니 큰 화분에서 키워 풍성하게 수확한다.

6 수확할 때는 뿌리째 뽑아 먹는다. 재배 기간이 짧아 씨앗을 자주 심으면 뽑아 먹어도 금세 새로운 것을 먹을 수 있다.

Tip

화분에 흙을 담을 때 꾹꾹 누르면 흙이 단단해져서 물을 줘도 뿌리 쪽으로 흡수되기 어려우니 자연스럽게 푹신한 상태가 되도록 한다.

신선한 열무씨앗의 경우에는 아침에 씨앗을 불렸는데 밤에 씨앗 껍질이 갈라지는 것을 볼 수 있다.

열무도 무의 일종이므로 뿌리에 손가락만 한 무가 달린다.

열무김치

한여름에 열무가 쑥쑥 자랄 때 간단히 만들어 먹기 좋은 레시피이다. 떨어졌던 입맛을 살아나게 할 정도로 시원하다.

재료 열무 1단, 양파 1/2개, 홍고추 2개, 고추가루 1/2컵, 새우젓 1큰술, 설탕 1큰술, 다진 마늘 1큰술, 생강가루 1/4큰술, 멸치액젓 1큰술

절임물 굵은 소금 1/2컵, 물 2컵

밀가루풀 물 1컵, 밀가루 1큰술

먼저 할 것 열무를 씻어 손가락 길이로 자른다.

TIP 열무는 손을 많이 대면 풋내가 난다.

과정

1 큰 용기에 절임물 재료로 소금물을 만들어 손질한 열무를 담근다. 1시간 뒤에 한 번만 뒤집어 1시간 더 절인다. 총 2시간 뒤에 한 번 씻어 체에 밭쳐 물기를 뺀다.

2 붉은 고추, 양파는 믹서에 넣고 입자가 굵게 간다.

3 열무를 1시간 절여서 건진 다음 모든 재료를 넣고 버무려 밀폐용기에 넣고 익힌다.

열무김치 보리비빔밥

보리만으로 밥을 한 것을 꽁보리밥이라고 한다. 꽁보리밥은 끈기가 별로 없어 버글거리지만 식감이 좋다. 고추장에 참기름 또는 들기름을 넉넉히 두르고 열무김치를 넣고 비벼 먹으면 몸이 건강해지는 기분이 든다.

재료 열무김치 1컵, 고추장 1/2큰술, 참기름 1/2큰술, 보리쌀 1컵, 물 1컵

TIP 불린 보리쌀을 전자레인지에서 10분만 돌리면 밥이 완성된다. 보리밥을 팬에 기름을 조금 두르고 구워서 샐러드에 올리면 바삭한 맛이 별미이다.

과정

1 보리쌀을 씻어 물에 불린다. 30분 이상 불린 보리를 내열 유리그릇에 넣고, 물 1컵을 부어 전자레인지에서 '5분-(숟가락으로)젓기-3분-젓기-2분-젓기'를 반복하면 총 10분 동안 밥이 된다.

2 전자레인지에서 보리쌀을 돌리고 저을 때마다 조금씩 뻑뻑해지는데 마지막에는 처음보다 낟알이 2배 커진다. 일반 밥과 달리 끈기가 없는 보리밥이 완성된다.

3 큰 대접이나 양푼에 보리밥을 넣고 열무김치를 손가락 길이로 잘라 올리고 참기름을 두른다. 고추장을 올려 완성한다.

얼갈이배추 키우기

씨앗은 들깨보다 약간 작고 둥글다. 얼갈이배추는 재배 기간이 짧으며 달달하고 맛이 좋다. 시판하는 얼갈이배추보다 더 어릴 때 수확해서 먹으면 달달하고 연한 식감이 좋다. 속이 꽉 차게 키우거나 반복 수확하는 것보다는 잎이 2~3장 나는 시기부터 뿌리째 수확하는 것을 추천한다.

재료 화분, 통에 들어갈 만큼의 흙(원예용 상토), 얼갈이배추 씨앗 3개, 퇴비 또는 수경 재배용 양액

과정

1 화분에 흙을 담고 물을 먹인 후 씨앗 굵기의 깊이로 씨앗 3개를 심는다. 랩을 덮으면 싹이 좀 더 빨리 나올 수 있다.

2 2~3일 정도 지나면 새싹이 자라는데 랩 표면에 닿으면 랩을 벗긴다. 1주일 전후로 본잎이 나온다. 랩을 벗겨낸 직후부터 매일 물과 햇빛을 충분히 준다.

3 본잎이 나오기 시작하면 우량한 하나만 남기고 나머지 2개는 제거하여 크게 자랄 공간을 확보한다.

4 시간이 지나면서 배추의 솜털이 보이고 모양도 잡힌다. 처음에는 1~2개만 시험 삼아 키우다가 경험이 쌓이면 넓은 판에 키워 어린잎채소로 먹어도 맛있다.

5 3주 정도 지나면 본잎이 계속 나오면서 점점 얼갈이배추 모양이 나기 시작한다. 연속해서 줄기와 잎 사이에서 새 잎이 계속 나온다.

6 1개월 정도 지나면 흙 위로 1cm 여유를 두고 가위로 전부 바짝 잘라 수확한다. 보통 어린잎채소보다는 더 키우고 성체 배추보다는 훨씬 작은 상태로 키운다.

Tip

일반 씨앗으로 키워 새싹이나 어린잎채소 단계일 때 먹으면 씨앗을 소독한 약제가 표면에 남아 문제가 될 수 있다.

COOKING

얼갈이 된장국

배추의 단맛이 우러나오게 푹 끓이면 부드러운 배추 맛에 빠지게 된다.

재료 바지락(또는 재첩) 1컵, 다진 마늘 1/4큰술, 얼갈이배추 2포기, 두부 1/2모, 된장 1큰술, 고추장(또는 고춧가루) 1/2큰술, 물 3컵

먼저 할 것 얼갈이배추를 씻어 손가락 1마디 길이로 썬다.

과정

1 바지락(또는 재첩)은 박박 문질러 씻어 냄비에 담고 분량의 다진 마늘을 넣고 센불에서 볶는다.

2 바지락(또는 재첩)이 입을 벌리기 시작하면 손질한 얼갈이배추와 분량의 된장, 고추장을 넣고 볶는다. 고추장의 텁텁함이 싫다면 고춧가루로 대체한다.

3 얼갈이배추의 숨이 죽으면 분량의 물과 두부를 썰어 넣고 5분간 팔팔 끓인다.

COOKING

얼갈이 된장무침

얼갈이배추는 여름 채소가 나오기 이전, 그리고 겨울철 김장 채소가 나오기 이전 등 채소가 비교적 덜 나오는 시기에 신선하게 먹기 좋다.

재료 얼갈이배추 2포기, 된장 1큰술, 고추장(또는 고춧가루) 1/2큰술, 다진 마늘 1/4큰술, 통깨 1/4큰술

먼저 할 것 얼갈이배추를 씻어 물기를 뺀다.

TIP 장류는 만든 사람 또는 제조사마다 짠 정도의 차이가 매우 크므로 제시한 분량이 모두에게 동일하게 적용되진 않는다. 따라서 맛을 보아 가며 조금씩 넣는 것이 좋다.

과정

1 씻어 놓은 얼갈이배추를 손가락 1마디 정도로 잘라 전자레인지에서 돌릴 수 있는 용기에 넣는다.

2 얼갈이배추를 담은 용기에 랩을 씌워 전자레인지에서 2분간 돌려 부드럽게 한다.

3 설컹하게 익힌 배추에 분량의 된장, 고추장, 다진 마늘 그리고 통깨를 넣고 버무린다.

돌나물 키우기

씨앗을 거의 찾아볼 수 없는데, 줄기만으로도 번식이 잘되기 때문에 굳이 씨앗을 심을 필요가 없기 때문일 것이다. 한여름에는 노란 꽃을 피우고 줄기가 적색으로 변한다. 꽃을 피워 자손을 번식할 때는 먹지 말라는 신호이다. 그러나 선선한 바람이 불면 다시 통통한 초록색 잎과 줄기를 볼 수 있다. 뿌리만 살아 있으면 오래도록 반복 수확이 가능하다.

재료 화분, 통에 들어갈 만큼의 흙(원예용 상토), 손가락 길이의 돌나물 5가닥, 퇴비 또는 수경 재배용 양액

과정

1 돌나물을 구입해서 어른 손가락 길이만큼 자른다. 자른 부위 쪽의 잎은 길이의 1/4만 남기고 모두 제거한다. 이는 물에서 뿌리를 내릴 때 물에 닿아 상하는 것을 막기 위해서이다.

2 물컵에 물을 반 정도 담고, 1의 손질한 돌나물의 절단면이 물에 닿도록 담가 서늘한 그늘에 둔다.

3 매일 물을 갈아 준다. 1주일 정도 지나면 뿌리가 돋아난다. 뿌리가 돋아나면 흙에 옮겨 심는다.

4 화분에 흙을 담고 물을 먹인다. 그런 다음 뿌리와 전체 줄기의 절반을 흙 속에 구멍을 파서 넣고 주위의 흙으로 덮어 그늘에 둔다. 이틀이 지나도 시들지 않으면 햇빛에 옮긴다. 매일 물과 햇빛을 최대한 확보해 준다.

5 화분에 옮겨 심고 1개월 정도 지나면 줄기가 길어진다. 덧거름을 1주일에 1번씩 주어 자라면서 영양분이 부족하지 않도록 신경 쓴다.

6 줄기가 길어지기 시작하면 언제든 수확해도 좋다. 수확할 때는 줄기의 1/3 정도를 남기고 윗부분을 잘라 내면 된다.

Tip

처음부터 햇빛을 쬐면 시들어 죽을 수 있으므로 흙에 옮겨 심고 3일 동안은 시들지 않는지 관찰한다. 화분을 햇빛이 드는 곳으로 옮긴 후 매일 물과 햇빛을 충분히 준다.
수확할 때 잎이 일부 남아 있어야 재생이 잘 되니 모두 잘라 내지 않는다.

COOKING

콜드 파스타

별다른 재료 없이 면의 고소함과 올리브오일의 풍미 그리고 소금, 후추로도 산뜻하고 가벼운 파스타를 만들 수 있다. 좋은 올리브오일이 있다면 신선한 토마토와 버무려 샐러드처럼 먹을 수도 있다. 농후한 크림 파스타 또는 소스가 많은 붉은 파스타 말고도 신선한 파스타를 즐겨 보자.

재료(2인분) 돌나물 1컵, 푸실리 파스타 4컵, 방울토마토 8개, 슬라이스 치즈 4장, 올리브오일 4큰술, 소금 2꼬집, 후추 2꼬집, 레몬 1/8조각(생략 가능), 견과류 1큰술

먼저 할 것 돌나물과 방울토마토를 씻어 물기를 뺀다.

TIP 레몬을 구입하면 다 사용하지 못하고 남기는 경우가 많다. 그럴 때는 껍질을 벗겨 먹기 좋은 크기로 잘라 냉동해 두었다가 필요할 때 꺼내 쓴다.

과정

1 냄비에 푸실리 파스타 양의 5배에 해당하는 물과 소금을 넣고 봉지에 표시된 시간만큼 삶아 바로 찬물에 헹군다.

2 슬라이스 치즈 4장을 겹친 다음 깍두기 모양으로 자른다. 방울토마토는 반으로 자른다. 치즈를 넣으면 감칠맛이 난다.

3 볼에 삶은 푸실리 파스타, 방울토마토, 치즈를 넣고 돌나물, 분량의 레몬과 올리브오일, 소금, 후추를 넣고 섞어 마무리한다. 돌나물의 톡톡 터지는 식감이 신선한 파스타와 잘 어울린다.

COOKING

닭가슴살 토마토 샐러드

전자레인지로 간단히 익힌 닭가슴살과 토마토로 만드는 샐러드이다. 불을 쓰기 더운 여름에 토마토가 무를까 봐 걱정이라면, 무르기 직전 가장 맛있을 때 끼니가 되는 이 샐러드를 해 보기를 추천한다.

재료(2인분) 돌나물 2컵, 토마토 1/2개, 닭가슴살 2개, 올리브오일 1/4컵, 소금 2꼬집, 후추 2꼬집, 건조 허브(로즈마리나 파슬리 등) 1/4큰술, 소주 1/4컵

먼저 할 것 돌나물을 씻어 체에 밭쳐 물기를 뺀다.

TIP 닭가슴살을 미리 30분 이상 재워 두면 더 맛있다.
전자레인지에서 익힌 닭가슴살을 달군 프라이팬에서 센불로 겉면이 갈색이 되도록 살짝 색을 내면 더 맛있어 보인다.

과정

1 닭가슴살을 한 입 크기로 잘라 분량의 오일, 소금, 후추, 건조 허브 그리고 소주 1/4컵을 넣고 랩을 덮는다. 그런 다음 전자레인지에서 2분-2분-1분 돌린다. 중간중간 익은 정도를 확인한다.

2 돌나물은 물에 헹군 다음 물기를 빼고 먹기 좋은 크기로 자른다.

3 토마토를 자른다. 접시에 돌나물-토마토-닭가슴살 순서로 올려서 완성한다. 발사믹 소스를 곁들여도 맛있다.

미나리 키우기

돌나물처럼 씨앗보다는 줄기로 번식시키면 수월하다. 아무 데서나 잘 자라는데 논에서 자라면 논 미나리, 밭에서 자라면 밭 미나리로 불린다. 마디가 있는 굵은 줄기를 봉지에 넣고 공기가 통할 여유를 주어 닫아 두면 며칠 만에 마디에서 하얀 뿌리가 나온다. 이를 흙에 옮겨 심어 크게 키운다. 반복 수확이 가능하며, 두고두고 키워 먹기 좋다.

재료 화분, 통에 들어갈 만큼의 흙(원예용 상토), 미나리 1/2단, 퇴비 또는 수경 재배용 양액

과정

1 마트나 시장에서 뿌리가 있는 미나리를 구입한다. 단을 묶은 채로 뿌리부터 어른 손가락 길이만큼 잘라 뿌리가 있는 부분을 남긴다.

2 화분에 흙을 담고 물을 충분히 먹인다. 뿌리와 줄기의 절반이 들어갈 만큼 구멍을 파서 넣고 주위의 흙으로 살살 덮는다. 흙은 폭신하게 덮어 주듯이 구멍을 메운다.

3 퇴비나 수경 재배용 양액 등의 덧거름을 1주일에 1번씩 주어 자라면서 영양분이 부족하지 않도록 신경 쓴다. 또한 매일 물을 주고 햇빛을 최대한 확보해 준다.

4 옮겨 심고 약 2주 정도 지나면 줄기와 잎이 자라난다.

5 화분에 옮겨 심고 1개월 정도 지나면 줄기가 훨씬 더 많이 길어진다.

6 줄기가 길어지면 언제든 수확해도 좋다. 수확할 때는 줄기의 1/3 정도를 남기고 윗부분을 잘라 낸다. 수확할 때마다 덧거름을 주어 재생을 돕는다.

Tip

흙을 채운 화분에 물을 적신 후 씨앗이나 모종을 심으면, 심은 후에 물을 주는 것보다 편하게 작업할 수 있다. 또한 흙에 물이 골고루 젖어 있어 뿌리가 물을 더 잘 흡수할 수 있다.

COOKING

미나리 초무침

미나리의 향긋함과 새우의 탱글함이 잘 어울린다. 새우 대신 생굴을 넣어도 좋다.

재료 미나리 10줄기, 칵테일새우 10개, 두부 1/2모

양념 고추장 1큰술, 설탕 1/2큰술, 식초 1/2큰술

먼저 할 것 미나리를 물에 헹군 뒤 물기를 뺀다.

TIP 미나리를 1단 구입하면 일부는 흙에 심고, 일부는 무쳐 먹거나 샐러드를 해 먹고, 그래도 남으면 탕을 끓여 먹는 등의 방법으로 다양하게 먹는다. 봉지에 넣어 두면 상하지 않고 뿌리가 날 정도로 생명력이 강하다.

과정

1 미나리 잎을 모두 제거하고 손가락 길이로 썬다. 두부는 길이 2cm의 주사위 모양으로 썬다. 새우는 껍데기를 벗긴다.

2 냄비에 라면 1개 끓일 만큼의 물을 담아 불에 올린다. 끓기 시작하면 두부를 넣고 한 번 끓어오르고 나서 1분 뒤에 건져 낸다.

3 미나리와 새우도 데치는데, 두부와 달리 끓는 물에 재료를 넣고 다시 끓어오르면 바로 건져 낸다. 새우는 오래 삶으면 질기고 맛이 없어진다.

COOKING

흑임자 드레싱 연근무침

연근은 질감이 단단하므로 데치기보다는 삶아야 제대로 익힐 수 있다.

재료(2인분) 미나리 10줄기, 연근 1개

흑임자 드레싱 검은깨 3큰술, 마요네즈 3컵, 꿀 3큰술, 소금 1꼬집, 식초 3큰술

먼저 할 것 미나리와 연근을 씻는다. 연근은 감자를 씻듯이 겉에 묻은 흙을 손으로 비비고 물로 헹궈 낸다.

TIP 데치는 물은 재료가 바뀔 때마다 버리지 말고 그대로 쓴다.
연근은 기호에 따라 아삭하게 또는 푹 익혀 부드럽게 먹는다. 따라서 중간중간 먹어 보며 데친다.

과정

1 미나리는 물을 털어 내고 손가락 길이로 썰어 끓는 물에 넣고 물이 다시 끓어오르면 바로 건져 낸다.

2 연근은 감자 깎는 도구로 껍질을 벗긴다. 드레싱 재료를 모두 믹서에 넣고 곱게 갈아 데친 미나리, 삶은 연근과 함께 버무려 완성한다.

3 껍질을 벗긴 연근은 두께 5mm로 썬다. 손질한 연근을 끓는 물에 넣고 10분간 삶아 익힌다. 끝의 지저분한 부분은 버린다.

잎비트 키우기

씨앗은 근대와 흡사하여 육안으로 구분하기가 쉽지 않으며, 울퉁불퉁하고 어른 새끼손톱 1/4 크기이다. 비트를 잎을 먹을 목적으로 심을 때에는 씨앗보다 무처럼 생긴 알비트를 심는 것이 훨씬 빠르다. 씨앗을 심을 경우에는 큰 비트 잎을 먹기까지 몇 개월을 키워야 하기 때문이다. 반복 수확이 가능하며 잎과 줄기를 이용하기 좋다.

재료 화분, 통에 들어갈 만큼의 흙(원예용 상토), 알비트 1개, 퇴비 또는 수경 재배용 양액

과정

1 알비트를 준비한다. 줄기가 있던 부분은 위쪽으로 오게, 그 반대 방향은 물에 닿도록 해서 물컵에 올려 둔다. 컵은 실내의 따뜻한 곳에 둔다.

2 1주일 정도 지나면 줄기가 있던 자리에서 새 잎이 돋아나기 시작한다. 이때부터는 매일 물을 주고 빛도 충분히 보게 한다.

3 잎이 자라기 시작하면 흙에 옮겨 심는다. 화분에 흙을 50% 정도 담고, 알비트를 얹은 후 덧거름으로 표면을 덮어 준다. 알비트 자체에 양분이 있지만 추가로 공급하면 더 잘 자란다.

4 잎이 돋아난 이후에는 새 잎이 빠른 속도로 올라온다. 흙이 마르지 않도록 매일 물을 준다.

5 알비트를 물컵에서 재배하기 시작한 지 3주 정도 지나면 잎이 제법 많아진다.

6 잎이 5장 이상 되면 언제든지 낱장으로 수확해서 먹어도 좋다. 반복 수확이 가능하니 부지런히 수확해서 먹는다.

Tip

흙에 심을 때에는 잎이 흙에 조금 묻히도록 심고 물을 흠뻑 준다. 그래도 새 잎이 충분히 잘 나온다.
편의상 비트의 뿌리 부분인 무처럼 생긴 둥그런 부분을 알비트라고 표현했다.
알비트는 축적 양분을 이용해 씨앗을 심었을 때와 달리 처음부터 잎이 크게 자란다.
잎채소가 자라기 좋은 온도는 20~25℃이므로 최대한 맞는 환경에 둔다.

잎비트 황도 샐러드

비트는 잎뿐만 아니라 줄기도 함께 이용하면 샐러드의 색이 훨씬 보기 좋다.

재료 잎비트 3장, 황도(또는 복숭아 통조림) 1개

유자 드레싱 유자청 1큰술, 레몬즙 1큰술, 올리브오일 1큰술

먼저 할 것 잎비트를 씻은 다음 손으로 털어 물기를 제거한다.

과정

1 복숭아 껍질에는 솜털이 있으므로 잘 문질러 씻는다. 씻은 황도의 껍질을 칼로 벗겨 내고 10조각을 낸다.

2 잎비트는 손가락 1마디 길이로 자른다.

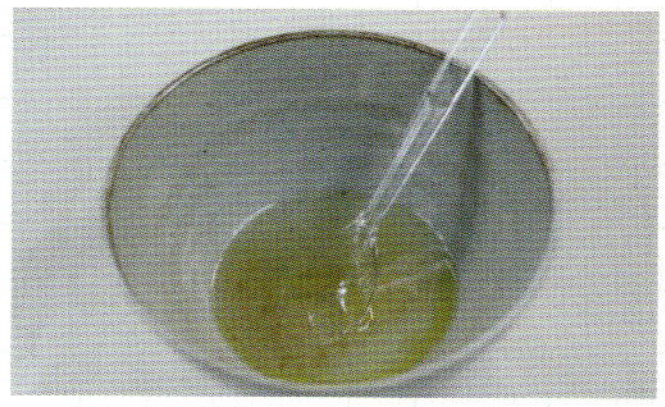

3 볼에 유자 드레싱 재료를 모두 섞고, 손질한 황도와 잎비트를 넣어 버무려 낸다.

잎비트 쌈밥

밥에 고운 소금 1꼬집을 넣어 밑간을 하면 더 맛있게 먹을 수 있다. 우렁쌈장을 곁들이면 더욱 맛있다.

재료 잎비트 4장, 쌈무 4장, 미나리 4줄기, 밥 1그릇, 고추장 1/2큰술

먼저 할 것 잎비트를 씻은 다음 손으로 털어 물기를 제거한다.

TIP 미나리 대신 부추, 보리싹 그리고 밀싹 등으로 묶어도 된다.

과정

1 잎비트를 그릇에 놓고 전자레인지에 30초간 돌려 익힌다. 밥은 8등분한 다음 손으로 동그랗게 둥글려 모양을 잡는다.

2 쌈무를 체에 밭쳐 물기를 뺀다. 쌈무가 없으면 생략해도 좋다.

3 둥글린 밥을 잎비트와 쌈무에 올려 돌돌 만다. 쌈무가 풀리지 않도록 미나리 쌈밥을 접시에 담고 고추장을 곁들여 먹는다.

시금치 키우기

씨앗은 시금치의 종류에 따라 뿔이 나거나 매끈하며, 어른 손톱 1/4 크기이다. 시금치는 사 먹는 것이 시간적·공간적으로 더 경제적이다. 하지만 아이가 어릴 경우 이유식용으로 몇 뿌리 직접 키우면 농약 걱정 없이 안전하게 먹일 수 있다. 반복 수확보다는 뿌리째 수확하는 것을 추천한다.

재료 화분, 통에 들어갈 만큼의 흙(원예용 상토), 시금치 씨앗 5개, 퇴비 또는 수경 재배용 양액

과정

1 화분에 흙을 담고 물을 충분히 먹인다. 시금치 씨앗을 씨앗 굵기의 깊이로 심고 랩을 덮어 발아를 위한 습도를 유지한다.

2 시금치는 상추보다 싹이 늦게 트는 편이라 느긋하게 기다리는 것이 좋다. 랩은 싹이 스스로 밀고 올라오면 제거하고 그 직후부터 매일 물과 햇빛을 충분히 준다. 1주일 정도 지나면 떡잎이 나온다.

3 떡잎이 상추보다 긴 편이다. 씨앗 껍질에서 분리가 늦을 수 있으나 손으로 떼지 말고 자연스럽게 떨어지도록 둔다.

4 솎아 내지 않고 모두 키워 본잎이 3장 이상 나오면 수확해서 이용한다. 너무 어릴 때 수확하면 씨앗을 덮고 있던 소독약이 남을 수 있다.

5 3주 정도 지난 모습이다. 여러 개의 화분에 심어 두면 필요할 때마다 조금씩 수확해서 이용할 수 있으니 미리 심어 놓고 주기적으로 수확해도 좋다.

6 약 1개월 이후에는 언제든지 수확해도 좋다. 덧거름을 신경 써서 주어야 수확을 빨리 할 수 있다. 수확할 때에는 뿌리째 뽑아서 씻어 잔뿌리만 제거하고 굵은 뿌리까지 통째로 먹는다.

Tip

흙에 씨앗을 심는 깊이가 깊으면 싹이 잘 트지 않을 수도 있으니 주의한다.

시금치 순두부 샐러드

순두부를 동그랗게 자르기 어려우면 숟가락으로 듬성듬성 잘라 담아도 좋다.

재료 순두부 1팩, 시금치 3뿌리, 올리브오일 2큰술, 소금 1꼬집

오리엔탈 드레싱 간장 3작은술, 설탕 3작은술, 식초 3작은술, 깨 1작은술, 참기름 또는 오일류 3작은술, 물 3작은술(간장과 같은 양)

과정

1 도마에 순두부를 올려 절취선을 따라 칼로 자른다. 봉지 끝을 밀면서 두께 1cm로 순두부를 자른다. 부서지지 않게 칼등에 얹어 조심히 그릇에 옮겨 담는다.

2 시금치를 씻어 물기를 털고 손가락 2마디 길이로 자른다. 잘라 두면 2컵 분량이다.

3 팬에 오일을 두르고 센불에서 시금치를 '지글' 하는 순간부터 20초만 볶아 순두부 위에 올린다. 그 위에 오리엔탈 드레싱 재료를 섞어 뿌려 먹는다.

시금치 버섯 샐러드

이 레시피는 고추 장아찌가 포인트이다. 시금치, 버섯, 견과류와 간장에 절인 고추 장아찌가 조화롭다.

재료 시금치 5뿌리, 느타리버섯 2컵, 소금 1꼬집, 후추 1꼬집, 캐슈넛(또는 다른 견과류) 1큰술, 고추 장아찌 1큰술(듬뿍)

먼저 할 것 시금치를 씻어 물기를 뺀다. 버섯은 물에 오래 닿으면 맛이 없어지므로 살짝 씻어 물기를 털고 닦는다.

TIP 고추 장아찌 만들기
풋고추 10개, 식초 1컵, 설탕 1컵, 간장 1+1/2컵을 준비한다. 냄비에 식초, 설탕, 간장을 모두 넣고 팔팔 끓인다. 풋고추를 씻어 물기를 완전히 제거한다. 손가락 반 마디 두께로 썰어 유리병에 담고 팔팔 끓인 배합초를 붓는다. 서늘한 곳에 두었다가 3일 뒤부터 먹는다.

과정

1 기름 없는 팬에 견과류를 넣어 약불에서 볶는다. 볶으면 맛과 향이 좋아진다. 열을 가하면 견과류에서 기름이 나와 반들반들해진다. 노릇해지면 그릇에 옮긴다.

2 견과류를 볶은 팬에 재빠르게 헹군 버섯을 올리고 센불에서 3분 정도 볶는다. 역시 노릇해지면 그릇에 옮긴다.

3 버섯을 볶은 팬을 씻지 않고 그대로 올리브오일 1큰술을 두르고 시금치를 손으로 두어 번 찢어 10초만 볶는다. 이때 분량의 소금, 후추를 함께 넣어 간을 한다. 접시에 버섯-시금치-견과류 순서로 올리고, 고추 장아찌를 얹어 함께 먹는다.

청경채 키우기

씨앗 크기는 좁쌀보다 약간 더 크다. 배추, 비타민채(다채), 겨자채 등의 씨앗과 흡사하여 육안으로 구분하기가 쉽지 않다. 싹이 나고 얼마 되지 않은 청경채를 보면 언제 크나 싶지만, 본잎이 2~3장 나온 뒤부터는 양분만 충분하다면 잎에 연결된 넓은 줄기가 매일 눈에 띄게 통통해진다. 낱장으로 반복 수확해도 좋고 뿌리째 뽑아 수확해도 좋다.

재료 화분, 통에 들어갈 만큼의 흙(원예용 상토), 청경채 씨앗 3개, 퇴비 또는 수경 재배용 양액

과정

1 화분에 흙을 담고 물을 먹인 후 씨앗 굵기의 깊이로 씨앗 3개를 심는다. 랩을 덮으면 싹이 좀 더 빨리 나올 수 있다. 랩은 스스로 밀어내면 제거하고 그 직후부터 매일 물과 햇빛을 충분히 준다.

2 약 1주일 이내에 싹이 나서 떡잎이 펼쳐진다. 일부 씨앗 껍질은 떡잎의 끝에 붙어 있기도 하는데, 일부러 제거하지 말고 자연스럽게 떨어지도록 둔다.

3 빠르면 1주일 안에 떡잎 사이가 벌어지면서 며칠 머뭇거린 후 본잎이 길쭉하게 나온다. 아직은 흔히 보는 청경채의 모양이 아니지만 점차 모양을 갖춘다.

4 첫 번째 본잎이 나오고 나면 연달아 2번째와 3번째 잎이 나온다. 본잎이 나오기 시작하면 덧거름을 1주일에 1번씩 주어 영양 공급을 충분히 해 준다.

5 약 1개월이 지나면 완연한 청경채의 모습이 나온다. 포기를 형성해서 배추와 비슷한 모양이 된다.

6 수확할 때는 뿌리째 뽑거나 낱장으로 필요한 만큼 수확해서 이용한다.

청경채 홍합 볶음

홍합과 청경채의 도톰한 줄기를 함께 먹으면 홍합의 짭짤함이 청경채의 신선함과 잘 어울린다.

재료 청경채 8뿌리, 홍합 1냉면그릇, 셀러리 손가락 길이 1대, 마늘 2톨, 매운 홍고추(혹은 청양고추) 1개, 올리브오일 1/4컵, 소주 1/4컵

먼저 할 것 청경채를 물에 헹군 다음 물기를 털고 길이로 반을 자른다. 홍합은 겉면을 문질러 씻고, 양쪽 껍질 사이에 나온 줄처럼 생긴 것을 힘으로 잡아 빼 정리한 다음 물에 헹궈서 체에 밭쳐 둔다.

TIP 알코올이 덜 날아가면 신맛이 나므로 센불에서 모두 날려야 한다.

과정

1 셀러리와 마늘은 편으로 썬다. 냄비에 오일을 두르고 중불에서 손질한 셀러리, 마늘, 매운 고추를 넣고 볶는다.

2 마늘이 노릇노릇해지면 손질한 홍합을 넣고 볶다가, 분량의 소주를 넣고 센불에서 1분 동안 알코올과 비린내를 날린다. 홍합이 입을 열기 시작하면 물 3컵을 붓고 뚜껑을 덮는다.

3 홍합이 모두 입을 열면 반으로 가른 청경채를 가지런히 놓고 뚜껑을 덮어 30초간 센불에서 끓인다. 청경채가 숨이 죽으면 홍합을 먼저 담고 그 위에 청경채를 모양내서 담는다.

청경채 스푼 핑거 푸드

청경채의 작은 잎은 모아서 샐러드를 만들어 먹고, 큰 잎은 핑거 푸드를 만들어 먹으면 한 팩을 구입해서 요긴하게 쓸 수 있다.

재료 청경채 1포기, 순두부 1/2컵, 고추장 1작은술, 견과류 1작은술

TIP 순두부는 미리 듬성듬성 잘라 5분 정도 두어 물기를 빼고 이용하면 양념이 덜 질척인다. 순두부 대신 일반 두부를 이용하면 물이 덜 나온다.

과정

1 청경채를 씻어 물기를 털고, 잎을 낱장으로 분리한다.

2 청경채를 제외한 나머지 재료를 모두 그릇에 넣는다.

3 숟가락으로 잘 저은 다음 청경채 끝부분에 올려 접시에 얹는다. 또는 한쪽에 순두부 양념 그릇을 따로 놓아 직접 얹어 먹게 한다.

부추 키우기

씨앗은 새까맣고 납작한 지름 약 5mm 이하의 원형이다. 싹이 나면 접힌 줄기가 씨앗 껍질 안에 들어 있다가 점차 펼쳐지며 초록색 물이 들고 껍질을 벗는다. 반드시 1주일에 1번씩 덧거름을 주고, 길이가 한 뼘 이상 되면 지체하지 말고 부지런히 수확해야 줄기 재생이 원활해진다. 뿌리만 잘 유지하면 10년이고 20년이고 반복 수확이 가능하다.

재료 화분, 통에 들어갈 만큼의 흙(원예용 상토), 부추 씨앗 1/2작은술, 퇴비 또는 수경 재배용 양액

과정

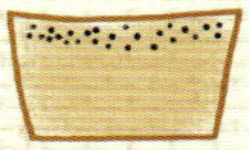

1 화분에 흙을 담고 탁탁 쳐서 빈 공간을 줄인다. 부추 씨앗 1/2작은술을 화분 표면에 골고루 뿌린다. 손가락으로 깊이 1cm 정도로 골고루 섞고 물을 먹인 다음 랩을 덮는다.

2 싹이 나서 밀고 올라오면 랩을 제거한다. 부추는 잎이 꺾여서 나오기 때문에 처음에는 잘못 키운 것으로 오해할 수 있으나 자연스러운 현상이다. 랩을 벗겨 낸 직후부터 매일 물과 햇빛을 충분히 준다.

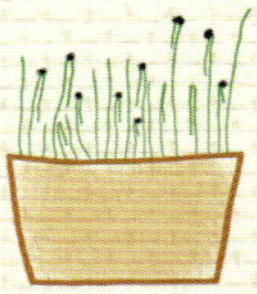

3 점차 잎이 펴지면서 일부는 씨앗 껍질을 벗고, 일부는 그대로 갖고 있다. 일부러 껍질을 제거하지 말고 자연스럽게 벗겨지도록 둔다.

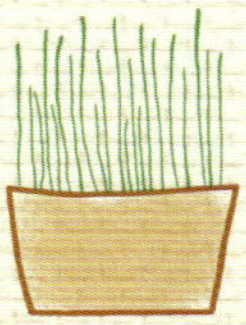

4 약 2주 이상 지나면 잎이 곧게 펴지고 씨앗 껍질도 대체로 떨어진다. 이때부터 추가 양분을 부지런히 준다.

5 씨앗 껍질이 손으로 셀 수 있을 만큼 남으면 손가락 1마디만큼 남기고 수확해서 먹는다.

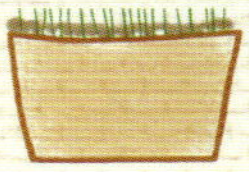

6 부추는 자라는 만큼 베어 주어야 잘 자란다. 처음에는 줄기가 가늘지만 점차 굵어진다. 덧거름으로는 수경 재배용 양액을 추천한다. 1주일에 2번 물 대신 양액을 물처럼 준다.

부추 겉절이

양념장은 미리 섞어 고춧가루를 불려 놓고 먹을 때마다 부추에 버무린다.

재료 부추 1/2단, 간장 1/2큰술, 멸치액젓 1/2큰술, 설탕 1/2큰술, 고춧가루 1/2큰술, 식초 1/2큰술, 참기름 1/2큰술, 통깨 1/2큰술

먼저 할 것 부추의 누런 부분을 제거하고 물에 헹군 다음 체에 밭쳐 물기를 뺀다.

과정

1 부추를 제외한 모든 재료를 볼에 넣고 섞어 양념장을 만든다.

2 부추를 손가락 2마디 길이로 자른다.

3 큰 볼에 손질한 부추와 양념장을 넣고 재빨리 버무려 그릇에 담아낸다. 오래 주물럭거리면 숨이 죽어 볼품이 없어진다.

소고기 육전

소고기는 많이 익히면 질겨지므로 살짝만 구워 부드럽게 먹는다.

재료 슬라이스한 소고기 홍두깨살(또는 기름이 적은 부위) 100g, 밀가루 1컵, 달걀 1개, 소금 1꼬집, 후추 1꼬집

먼저 할 것 소고기를 키친타월로 눌러 핏물을 제거한다.

TIP 밀가루가 골고루 묻지 않으면 달걀물이 잘 안 묻는다. 또한 여분의 밀가루는 털어 내야 옷이 두꺼워지지 않는다.

과정

1 핏물을 제거한 소고기는 1장씩 소금과 후추를 뿌려 간을 한다.

2 볼 2개를 준비해서 하나에는 분량의 밀가루를 담고, 또 다른 하나에는 달걀을 푼다. 달걀에는 소금과 후추를 1꼬집씩 넣어 간을 한다.

3 밑간을 한 소고기에 밀가루 옷을 입힌다. 팬에 오일을 두르고 밀가루를 입힌 소고기에 달걀물을 입히면서 바로 달군 팬에 올려 앞뒤로 10초씩 굽는다.

대파 키우기

씨앗은 검고 납작한 원형으로 지름이 새끼손톱 1/4 크기이다. 씨앗을 심어 재배하려면 1년 정도 시간이 걸리는데, 뿌리에 가까운 줄기의 일부를 심거나 다듬다가 나온 뿌리만 비닐봉지에 넣어 두어도 1주일 정도 지나면 자른 단면에서 새로 줄기가 올라온다. 자란 줄기의 일부를 수확하고 다시 양분을 주면 2~3번쯤 반복 수확이 가능하다.

재료 화분, 통에 들어갈 만큼의 흙(원예용 상토), 대파 4대(공간의 여유가 있다면 1단), 퇴비 또는 수경 재배용 양액

과정

1 대파를 1단 준비한다. 묶은 끈을 풀지 않는다.

2 뿌리 쪽에서 위로 5cm를 자른다. 뿌리 쪽을 사용한다.

3 화분에 흙을 담고 물을 먹여 잘라 놓은 뿌리를 심는다. 깊이는 대파의 절반 정도면 된다. 심자마자 퇴비나 양액을 주어 영양을 공급한다.

4 대파의 흰 부분은 옮겨 심은 지 며칠 만에 녹색으로 바뀐다. 화분이 작으면 덧거름을 고형보다 액체 형태로 주는 편이 수월하다. 매일 물과 햇빛을 충분히 준다.

5 1주일 정도 지나면 자른 단면에서 새로 줄기가 올라온다. 이때부터는 새로 자란 부위를 언제든지 수확해서 이용할 수 있다.

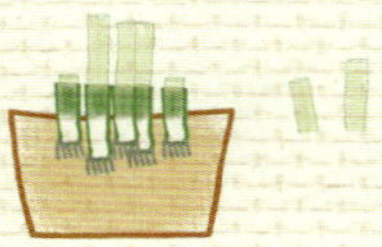

6 새로 나는 줄기가 점점 가늘어진다. 흙에 옮겨 심지 않고 양동이 바닥에 물이 깔리게 한 후 대파를 그대로 꽂아서 키워도 된다. 이 경우 물은 항상 바닥에 깔릴 정도로만 채워 놓는다.

Tip

모든 작물이 줄기를 잘라 단면이 생기거나 화분에 옮겨심기를 한 경우 그늘에서 이틀 정도 휴식이 필요하다.
랩이나 봉지를 덮어 습도를 높게 해 주면 더 좋다.

대파 볶음밥

간장만으로 간을 맞추면 밥 색이 진해지니 소금도 함께 적절히 사용한다. 간이 부족하면 맛이 덜하니 입맛에 맞춰 필요하면 소금을 더한다. 그러나 식으면 짠맛이 더 강해지는 것을 감안해서 간을 하는 것이 좋다.

재료 대파 팔뚝 길이 1대, 베이컨 2장, 달걀 1개, 밥 3/4그릇, 간장 1큰술, 소금 1꼬집

먼저 할 것 대파를 씻어 두께 5mm로 총총 썬다. 다 썰고 나서 전체를 모아 칼로 숭덩숭덩 2~3번 더 자른다. 달걀은 밥그릇에 풀어 소금 1꼬집을 넣고 간을 한다.

TIP 볶음밥을 밥그릇에 담은 뒤 접시에 뒤집으면 동그랗게 모양을 잡을 수 있다.

과정

1 팬에 식용유를 두르고 썰어 놓은 대파를 볶는다. 파가 노릇노릇 색이 나는 단계가 되면 베이컨을 엄지손톱 크기로 썰어 넣는다.

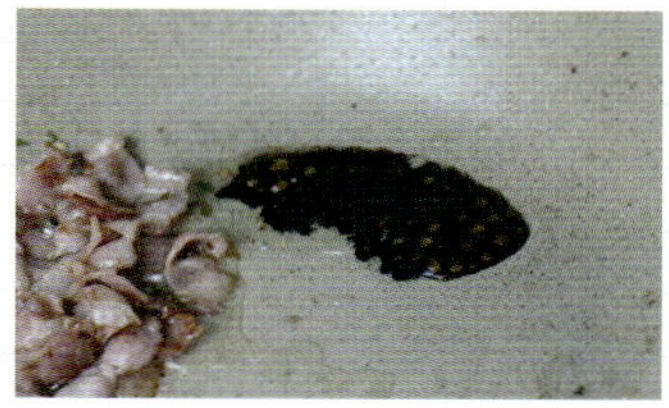

2 베이컨에서 기름이 나오기 시작하면 대파와 고르게 섞으며 볶는다. 베이컨이 노릇노릇해지면 분량의 간장을 팬에 넣고 대파, 베이컨 볶은 것과 어우러지게 한다.

3 한쪽 옆에 풀어 놓은 달걀을 부어 주걱이나 나무숟가락으로 자르듯 섞는다. 달걀이 익으면 재빨리 밥을 넣고 추가로 간장 1큰술을 넣고 볶는다.

달걀찜

작은 뚝배기에 달걀찜을 만들면 풍성해 보이고 따끈하게 먹기 좋다. 대파를 넣으면 대파에서 단맛이 나와 더 맛있다. 달걀찜에서 중요한 것은 간 조절이다. 소금이 모자라면 먹으면서 더 넣어도 되지만, 처음부터 많이 넣으면 짜서 달걀의 맛을 느끼지 못한다.

재료 달걀 3개, 물 1컵, 대파 1대, 소금 1꼬집

TIP 대파를 많이 구입했다면 흙에 심어 두거나 총총 썰어서 바로 냉동 보관하고 먹어도 된다. 단 냉동실에서 꺼내자마자 요리에 넣어야 흐물거리지 않는다. 냉동한 것은 상온 그대로의 대파와 맛과 향이 조금 다르다.
달걀과 물은 합쳤을 때 뚝배기나 그릇의 80% 정도가 좋다.

과정

1 대파를 3mm 굵기로 썬다. 달걀 색이 밝으므로 초록색 부분을 많이 쓰면 색이 예쁘다. 흰 부분은 단맛이 좋으니 적당히 섞어 쓴다.

2 뚝배기 또는 작은 냄비에 달걀을 깨 넣고 젓가락으로 푼다. 풀면서 덩어리진 것이 없도록 잘 풀어야 익혔을 때 흰자 덩어리가 생기지 않는다.

3 달걀을 푼 뚝배기에 분량의 물, 다진 대파, 소금을 넣고 전자레인지에서 4분간 돌린다. 이때 돔형 뚜껑을 덮어 돌리면 풍성하게 부푼다.

쪽파 키우기

쪽파는 씨앗이 아니라 뿌리 쪽의 줄기 일부가 비대해진 종구로 번식한다. 종구를 심으면 약 2주쯤 후에 줄기가 자라 질기지 않고 연한 식감과 달달한 맛이 나는 쪽파를 수확할 수 있다. 뿌리째 뽑아 먹고 나면 반복 수확이 어렵다. 대신 흙 속에서 월동시키면 이듬해 봄에 마늘처럼 생긴 종구의 개수가 늘어나고 새로 줄기가 올라온다.

재료 화분, 통에 들어갈 만큼의 흙(원예용 상토), 쪽파 종구(씨앗 역할을 하는 것) 10개, 퇴비 또는 수경 재배용 양액

과정

1 쪽파 종구를 준비한다. 심고 남은 종구는 망에 넣어 바람이 잘 통하는 곳에 걸어 둔다. 그렇지 않으면 공기가 안 통해 상할 수 있다.

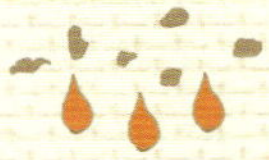

2 겉면에 너덜거리는 껍질만 제거한다. 다듬지 않아도 문제되지 않는다. 보관한다면 다듬은 후 양파망에 넣어 서늘한 곳에 걸어 둔다.

3 화분에 흙을 담고 물을 먹인 다음 쪽파 종구를 심는다. 심을 때는 싹이 올라오는 뾰족한 부분이 위로 올라오도록 한다. 종구 길이의 2/3를 흙에, 나머지 1/3을 흙 위로 올라오게 한다.

4 싹이 나면 1주일에 2번 덧거름을 준다. 싹이 난 직후부터는 매일 물과 햇빛을 충분히 준다. 덧거름으로는 수경 재배용 양액을 주는 것이 편리하다.

5 초록색 잎의 길이가 어른 손가락 정도 되면 언제든지 수확해서 먹어도 좋다. 1개월 정도 되면 쪽파가 길어져서 수확해서 먹을 만하다.

6 쪽파가 자라면 필요한 만큼만 수확해서 먹고 나머지는 덧거름을 1주일에 2번씩 주면서 햇빛을 충분히 쬐어 준다. 오래 키우면 잎이 질겨지니 전체 길이가 30cm를 넘지 않도록 한다.

Tip

물 대신 수경 재배용 양액을 매일 줘도 된다. 다만 농도는 제품 설명서대로 정확히 희석해야 한다. 어린 싹의 경우에는 양액의 농도가 높으면 녹아 죽을 수도 있으므로 본잎이 나오기 시작한 이후부터 주는 것이 좋다. 어린 싹일 경우에는 양액의 농도를 아주 약하게 해서 주도록 한다.

가을에 구해 놨다가 종구가 나오지 않는 봄 · 여름에 심으면 좋다.

해물파전

부침가루 푼 물을 최대한 적게 넣고 만들어야 쪽파의 맛을 제대로 느낄 수 있다.

재료 쪽파 10대, 부침가루 1/2컵, 물 1/2컵, 소금 1꼬집, 달걀 1개, 칵테일 새우 1/2컵, 식용유 2큰술

초간장 간장 2큰술, 식초 2방울

먼저 할 것 칵테일 새우를 물에 헹군 다음 체에 밭쳐 물기를 뺀다.

과정

1 볼에 부침가루와 분량의 찬물을 넣고 덩어리가 생기지 않도록 잘 젓는다. 쪽파를 다듬고 씻어 부침가루를 풀어 놓은 볼에 담는다.

2 쪽파를 넣은 볼에 씻어 놓은 칵테일 새우를 넣고 숟가락으로 두어 번 섞어 반죽을 만든다.

3 팬에 오일을 두르고 중불에서 뜨거워지면 반죽을 모두 붓고, 달걀 하나를 깨 넣고 노른자를 터뜨려 굽는다. 팬에 부은 반죽의 가장자리가 노릇하게 익으면 뒤집어서 3분 정도 굽고 접시에 담아낸다. 분량의 간장과 식초로 초간장을 만들어 찍어 먹는다.

투움바 파스타

고춧가루의 양을 줄이면 더 뽀얀 투움바 파스타가 된다. 휘핑크림 대신 우유 200mL와 슬라이스 치즈 1장으로도 만들 수 있다.

재료 쪽파 2대, 넓적한 파스타 면 1인분, 휘핑크림 200mL, 양송이버섯 4개, 칵테일 새우 1/2컵, 고춧가루 1/2큰술, 케첩 1/2큰술, 간장 1/2큰술, 다진 마늘 1/4큰술, 소금 1꼬집, 후추 1꼬집, 파르메산 치즈 1큰술, 물 5컵

과정

1 쪽파를 5mm 길이로 총총 썬다.

2 밀폐용기에 파스타 면, 파르메산 치즈를 제외한 모든 재료를 넣고 섞고 뚜껑을 덮어 냉장고에서 1시간 재운다.

3 냄비에 물 5컵을 넣고 소금 1/2큰술을 넣어 파스타 면을 일반적인 경우보다 3분 덜 삶는다. 팬에 숙성시킨 크림을 붓고 약불에서 데운다. 기포가 올라오면 중불로 올려 삶은 면을 넣고 1분간 젓가락으로 저어 가며 익히고 파르메산 치즈를 올려 완성한다.

셀러리 키우기

씨앗이 당근이나 미나리 또는 펜넬과 비슷하게 생겼으나 그보다 훨씬 작다. 마치 흙가루로 착각할 정도이다. 흙에 심으면 모종이 될 때까지 다른 채소보다 시간과 노력이 조금 더 드는 편이므로 모종 심기를 추천한다. 모종 단계 이후부터는 빠른 속도로 자란다. 1주일에 1번씩 덧거름을 주면 재생이 빠르다. 줄기를 일부씩 수확하면 반복 수확도 가능하다.

재료 / 화분, 통에 들어갈 만큼의 흙(원예용 상토), 셀러리 씨앗 9개, 퇴비 또는 수경 재배용 양액

과정 /

1 화분에 흙을 담고, 물을 먹인 후 씨앗을 3개씩 세 군데에 심는다. 랩을 덮으면 씨앗 심기가 끝난다.

2 씨앗이 좁쌀만큼 작기 때문에 조심히 다루어야 한다. 화분을 따뜻한 실내에 두어 싹이 나게 한다. 상추보다 발아가 늦는 편이다.

3 싹이 돋아 랩을 밀면 걷어 낸다. 이때부터는 햇빛이 잘 드는 곳에 둔다. 일부는 영영 싹트지 못하기도 한다. 매일 물과 햇빛을 최대한 확보해 준다.

4 떡잎이 완전히 펼쳐지면 3개씩 심은 곳에서 우량한 하나씩만 남기고 모두 제거한다. 본잎이 나온 이후부터는 덧거름을 1주일에 1번씩 주어 영양 공급을 해 준다.

5 럭비공 모양의 떡잎이 양쪽으로 2장 나오고 나면 곧 뾰족한 본잎이 나온다. 본잎이 나온 이후부터는 자라는 속도가 빠르다. 줄기가 가늘 때 낱개로 수확해서 쌈과 함께 먹으면 향긋하다.

6 1개월 정도 덧거름과 햇빛을 주며 키우면 줄기가 엄지손가락만큼 굵어져서 제법 먹을 만하다. 수확할 때는 상추와 마찬가지로 중심의 줄기가 부러지지 않도록 눌러 젖힌다.

셀러리 조개볶음

감자 깎는 칼로 셀러리의 껍질을 벗겨 내면 씹을 때 이에 걸리는 것 없이 편하게 먹을 수 있다. 모시조개가 맛은 더 시원하지만, 가격이 부담스럽다면 홍합을 이용하여 저렴하고 풍성하게 먹을 수 있다. 동죽이라는 조개로 만들어도 맛있다.

재료 모시조개 1팩, 셀러리 손가락 길이 1대, 레몬 1/4개, 오레가노 1/2작은술, 후추 1꼬집, 소주 1/4컵, 물 1컵, 올리브오일 2큰술

TIP 레몬은 많이 넣거나, 넣고 끓이면 쓴맛이 나므로 마지막에 살짝 뿌려 향을 내고 비린내를 잡는다.

과정

1 조개를 양손으로 비벼 껍질의 이물질을 제거하고 체에 밭친다. 셀러리는 5mm 길이로 썬다.

2 마늘은 편으로 썰어 올리브오일을 두른 팬에서 약불로 노릇하게 튀기듯 익힌다.

3 마늘이 익으면 조개, 셀러리, 소주를 넣고 센불에서 3분간 볶다가 오레가노, 물을 넣고 다시 조개가 모두 입을 벌릴 때까지 끓여 그릇에 담아낸다. 레몬즙, 후추를 뿌려 얹어 향을 낸다.

셀러리 장아찌

한 번 먹어 보면 아삭한 셀러리의 식감에 중독되어 자꾸만 손이 간다. 요리하고 남은 셀러리의 신선도가 떨어지기 전에 장아찌로 변신시키자. 장아찌를 담고 3일 후면 먹을 수 있다.

재료 셀러리 2대, 간장 1컵, 식초 1컵, 설탕 1컵(간장:식초:설탕=1:1:1)

먼저 할 것 내열 유리병에 끓는 물을 부어 헹궈 소독을 한다.

TIP 용기가 내열 유리가 아니라면 끓는 물 대신 소독용 알코올을 1/4컵 부어 헹궈 낸다. 그렇지 않으면 뜨거운 물이 닿자마자 용기에 금이 가면서 깨진다. 도수가 높은 소주를 이용해도 된다.

과정

1 셀러리를 씻어 물기를 완전히 제거하고 5mm 길이로 총총 썬다.

2 간장, 식초 그리고 설탕을 냄비에 붓고 팔팔 끓으면 불을 끄고 배합초를 만든다.

3 내열 유리병에 손질한 셀러리를 담고 뜨거운 배합초를 병에 붓는다. 비내열 유리병의 경우 끓는 배합초에 손질한 셀러리를 넣은 다음 식으면 유리병에 넣는다. 식으면 냉장고에 넣어 3일 이후부터 먹는다.

PART 3
허브

루콜라 키우기

씨앗은 좁쌀과 비슷하고 갈색이다. 약으로 소독 처리하지 않은 씨앗이라면 어린잎채소로 키우는 것이 향긋하고 부드럽다. 열무처럼 생겼지만 열무만큼 크게 키우면 맵고 맛이 없어진다. 본잎이 4~5장 나왔을 때 통째로 수확하면 가장 맛있게 먹을 수 있다. 낱장으로는 반복 수확이 가능하지만 뿌리째 뽑아도 다시 키우는 데 2~3주면 충분하다.

재료 / 화분, 통에 들어갈 만큼의 흙(원예용 상토), 루콜라 씨앗 3개, 퇴비 또는 수경 재배용 양액

과정 /

1 화분에 흙을 담고 물을 먹인 후 씨앗 굵기의 깊이로 씨앗 3개를 심고 랩을 덮는다. 새싹이 랩을 밀어 올리면 벗겨 낸다. 이때부터는 매일 물을 주고 햇빛을 충분히 쬐어 준다.

2 약 2주일 전후로 본잎이 나온다. 루콜라 본잎은 어릴 때는 완전히 모양이 나지 않고 둥글둥글하다. 어릴 때 모두 수확해서 먹으므로 3개 모두를 키운다.

3 떡잎이 나온 주변에서 연속으로 잎이 나온다. 퇴비나 수경 재배용 양액 등의 덧거름을 1주일에 1번씩 주어 자라면서 영양분이 부족하지 않도록 신경 쓴다.

4 굵은 줄기와 잎자루 사이에서 새 잎이 계속해서 나온다. 잎이 많아질수록 물이 더 많이 필요하다.

5 1개월 정도 지나면 본잎이 계속 나오면서 점점 루콜라 자체의 모양이 나기 시작한다.

6 본잎이 나온 이후에는 언제든지 수확해도 된다. 큰 잎을 낱장으로 수확하거나 통째로 수확해서 먹는다. 낱장으로 수확하면 반복 수확이 가능하다.

Tip

루콜라의 줄기가 보라색으로 변하면 잎이 매워 먹기 어려울 수 있다. 그럴 경우에는 바로 뽑고 다시 처음부터 키운다.

새로 나오는 잎들 사이에 마디가 생긴다면 빛이 부족한 것이니 햇빛을 충분히 쬐어 준다.

루콜라 피자

피자 도우 반죽을 직접 한다면 먹기 2시간 전에 반죽을 미리 만들어 두는 것을 권한다. 토핑으로 방울토마토를 썰어 올려도 좋다.

재료 피자 반죽 1덩어리, 토마토소스 1/2컵, 피자치즈 1/2컵, 루콜라 1컵, 토핑용 파르메산 치즈 약간

먼저 할 것 루콜라를 씻어 건져 둔다.

과정

1 볼에 피자 반죽 재료를 넣고 한 덩어리로 뭉쳐질 때까지 섞는다. 반죽 표면이 매끄러워지면 봉지에 싸서 냉장고에 30분간 넣어 둔다. 오븐을 200℃로 예열한다.

2 반죽을 꺼내 밀대나 맥주병으로 밀어 펴고 포크로 바닥까지 찔러 부풀지 않게 한다. 그 위에 토마토소스와 피자치즈를 올려 예열한 오븐에서 치즈가 녹을 정도로 5분간 굽는다.

3 치즈가 녹으면 오븐에서 꺼내 루콜라를 올린다. 그 위에 파르메산 치즈를 뿌려 마무리한다.

루콜라 샌드위치

아삭하게 양상추를 넣어 만들어도 맛있지만, 루콜라 향이 고소한 이 샌드위치를 한 번 맛보면 계속 찾게 된다. 샌드위치에 넣는 토마토는 시원하게 해서 만들자마자 먹어야 맛을 확실히 느낄 수 있다.

재료 빵 1개, 루콜라 1줌, 토마토 1개, 햄 4장, 슬라이스 치즈 2장, 홀 그레인 머스터드소스 1작은술, 마요네즈 1작은술, 꿀 1작은술

먼저 할 것 샌드위치 소스로 쓸 홀 그레인 머스터드와 마요네즈, 꿀을 섞어 둔다. 토마토는 냉장고에 넣어 둔다.

TIP 홀 그레인 머스터드소스는 겨자씨를 통째로 이용해 만든 소스이다. 빵은 이 책에 제시한 로즈마리 포카치아를 미리 구워 놓았다가 이용해도 좋다. 냉동실에 넣어 두었다가 실온에서 해동하거나 오븐에서 데워 사용한다.

과정

1 머스터드, 마요네즈, 꿀을 그릇에 넣고 섞는다. 그리고 냉장고에 넣어 둔 토마토를 꺼내서 동그랗게 자른다.

2 빵에 재료를 넣을 수 있도록 길쭉하게 가로로 칼집을 낸다. 자른 단면에 홀 그레인 머스터드를 섞은 소스를 펴 바른다.

3 치즈-햄-루콜라-토마토-루콜라 순서로 넣는다. 루콜라를 반씩 나눠 넣으면 샌드위치를 잘랐을 때 단면이 보기 좋다.

애플민트 키우기

씨앗은 눈에 잘 보이지 않을 정도로 작다. 줄기 일부가 달린 뿌리나 줄기의 일부만 있어도 재생이 원활하므로 모종을 구입해서 키우는 것이 좋다. 잎 뒷면에 진딧물이 있는 경우가 종종 있으므로 수확할 때 눈으로 확인하고 잘 씻어 내야 한다. 수확할 때 전체 잎 부피의 절반 정도는 남겨 두어야 재생이 빨라 반복 수확 주기가 빨라진다.

재료 / 애플민트 모종, 퇴비 또는 수경 재배용 양액

과정 /

1 모종을 준비한다. 시판 모종의 부피가 많이 크다면 뿌리를 두 덩어리로 나누어 키워도 금세 자란다. 매일 물과 햇빛을 충분히 준다.

2 줄기의 일부를 가위로 수확해서 이용한다. 퇴비나 수경 재배용 양액 등의 덧거름을 1주일에 1번씩 주어 영양분이 부족하지 않도록 신경 쓴다.

3 줄기를 수확하고 1~2주 정도 지나면 수확한 줄기를 중심으로 양 옆에서 새로운 줄기가 나온다.

4 새로 Y자로 갈라져 나온 줄기를 키우다 보면 이전보다 화분이 더 풍성해진다.

5 혹시 병충해가 생겼다면 흙 위에 나온 잎을 가위로 모두 제거한다. 줄기는 일부 남겨 둔다.

6 다시 1~2주 후에 흙 속과 흙 위에 새 잎과 줄기가 작게 돋아나기 시작한다.

Tip

줄기가 억세어서 수확하다가 찢어질 수 있으니 가위를 이용한다.

COOKING

모히토

애플민트의 양이 많을수록 모히토의 향이 풍부하고 맛있다.

재료(2잔) 애플민트 10줄기, 레몬 1개, 소주 2잔, 사이다 1캔, 설탕 2큰술, 얼음 약간
먼저 할 것 애플민트를 물에 헹군 다음 물기를 뺀다.

과정

1 도마에 애플민트를 올리고 그 위에 설탕을 뿌려 칼 손잡이 끝으로 아주 곱게 다진다. 곱게 다져야 빨대에 걸리는 것이 없어 먹기 편하다. 애플민트의 줄기 끝부분을 일부 잘라 두었다가 장식용으로 쓴다.

2 유리컵에 애플민트 다진 것을 담고 레몬즙을 손으로 짜서 넣는다. 레몬은 얇게 저며 2조각 남겨 두어 장식용으로 쓴다. 그 다음에 소주-사이다-얼음 순서대로 넣는다.

3 레몬에 칼집을 넣어 컵에 꽂고, 애플민트 줄기를 음료 위에 얹어 마무리한다.

COOKING

민트향 꿀자몽

자몽이 써서 먹기 힘들어하는 사람의 경우 꿀이나 연유를 곁들이면 새콤달콤하게 즐길 수 있다. 여기에 애플민트 향까지 더한다면 신선함이 배가 된다. 만들어서 냉장고에 넣어 두면 꿀에 의해 자몽즙이 흘러나와 꿀자몽이 된다.

재료 애플민트 1줄기, 자몽 1개, 꿀 5큰술
먼저 할 것 애플민트를 물로 씻어서 헹궈 둔다.

TIP 자몽은 속껍질에서 쓴맛이 나므로 이 껍질을 제거하면 시원한 과육의 맛을 느낄 수 있다. 기호에 따라 꿀과 애플민트의 양을 줄이거나 늘린다. 꿀과 자몽을 같은 부피로 재워 자몽청을 만들고, 1주일 뒤에 물에 타서 애플민트를 올리면 애플민트향 자몽차를 만들 수 있다.

과정

1 자몽을 헹군 다음 물기를 닦는다. 도마에 올려놓고 위아래 껍질을 칼로 자른 후에 돌아가면서 껍질이 남지 않도록 모두 깎은 뒤 가로로 썬다.

2 그릇에 자몽과 애플민트 잎을 교대로 올리고 꿀을 넉넉히 뿌린다.

3 냉장고에서 1시간 이상 두었다가 꿀과 자몽즙이 어우러져 즙이 나오면 꺼내서 먹는다.

로즈마리 키우기

씨앗보다는 재생과 번식 능력이 좋은 모종을 구입해서 키우는 것이 좋다. 단 잎의 개수가 많은 로즈마리 같은 경우에는 잎의 전체 표면적이 넓어서 화분의 물이 마르기 시작하면 금세 시들어 죽을 수 있다. 혹시 로즈마리 키우기에 실패했다면 물이 모자라서 죽은 경우가 상당수이다. 따라서 화분에 물이 충분해도 '매일' 물을 주는 것이 좋다.

재료 로즈마리 모종, 퇴비 또는 수경 재배용 양액

과정

1 모종을 준비한다. 매일 물과 햇빛을 충분히 준다.

2 일부를 가위로 수확해서 이용한다. 퇴비나 수경 재배용 양액 등의 덧거름을 1주일에 1번씩 주어 자라면서 영양분이 부족하지 않도록 신경 쓴다.

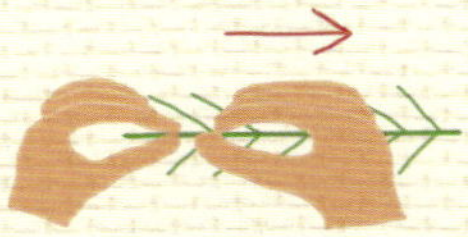

3 줄기를 잘랐다면 그대로 써도 좋다. 혹시 잎만 따로 쓴다면 줄기를 한 손으로 잡고 다른 손으로 잎이 난 반대 방향으로 훑어 내리면 된다.

4 수확하고 1~2주 정도 지나면 수확한 줄기를 중심으로 양 옆에서 새로운 줄기가 나온다. 흙에 가까운 줄기가 나무처럼 갈색으로 변하는 경우가 있는데 이를 목질화라고 부른다.

5 키우다 보면 줄기가 삐죽삐죽 튀어나올 수 있다. 그럴 경우 필수는 아니지만 가위로 줄기를 잘라 모양을 잡아 줄 수 있다.

6 물을 매일 주어서 잎의 개수가 많아져도 말라 죽지 않도록 관리한다. 키우다가 계절이 바뀌어도 죽지 않고 살아 있으면 더 넓은 곳으로 분갈이를 하며 키운다.

Tip 로즈마리는 여러해살이 식물이므로 자연스럽게 목질화가 된다.

COOKING

로즈마리 닭날개구이

닭다리보다 닭날개를 이용하면 요리 시간을 단축할 수 있다. 고기를 부드럽게 만드는 로즈마리와 올리브오일이 스며들어 잡내가 나지 않고 닭고기가 부드러워진다.

재료 닭날개 10개, 로즈마리 6줄기, 올리브오일 2큰술, 소주 1/4컵, 꿀 1작은술, 다진 마늘 1/2작은술, 소금 1/4작은술, 통후추 1/2작은술

먼저 할 것 오븐을 220℃로 예열한다.

TIP 닭고기를 우유에 30분간 담가 놓아도 닭의 잡내가 제거되지만 로즈마리를 이용하면 별도의 과정 없이 조리 중에도 닭의 잡내를 제거할 수 있다.

과정

1 볼에 로즈마리, 올리브오일, 소주, 다진 마늘, 소금, 통후추를 넣고 섞는다.

2 닭날개를 씻고 칼집을 낸 다음 모든 재료를 비닐팩에 넣고 섞는다.

3 오븐팬에 종이포일을 깔고 양념한 닭다리를 얹어서 220℃로 예열한 오븐에서 20분간 굽는다.

COOKING

로즈마리 포카치아

포카치아는 밀가루와 이스트를 넣고 납작하게 구운 이탈리아의 대표적인 플랫 브레드이다.

재료(2개) 강력분 125g, 소금 3/4작은술, 설탕 2작은술, 인스턴트 드라이 이스트 3/4작은술, 미지근한 물 70mL, 올리브오일 2큰술, 로즈마리 4줄기

TIP 인스턴트 드라이 이스트는 일반 이스트를 별도의 처리 과정 없이 바로 밀가루에 섞어 쓰도록 나온 제품이다. 이스트는 설탕과 가까이, 소금과 멀리 떼어 놓아야 발효가 잘 된다.

과정

1 볼에 밀가루, 인스턴트 드라이 이스트, 설탕을 넣는다. 소금은 밀가루 한쪽 끝에 따로 넣는다. 미지근한 물로 반죽해서 덩어리지기 시작하면 올리브오일 1큰술을 넣어 반죽이 매끈하도록 뭉친다.

2 볼에 랩을 씌워 실온에서 30분간 두면 발효되어 반죽이 2배 정도로 부풀어 오른다. 추울 때는 따뜻한 물그릇을 볼 아래에 받쳐 두면 1차 발효가 된다. 오븐을 200℃로 예열한다.

3 발효된 반죽을 두 덩어리로 나누고 손가락 끝으로 꾹꾹 눌러 모양을 낸다. 그 위에 올리브오일 1큰술을 골고루 바르고 로즈마리를 뿌린다. 실온에서 30분간 2차 발효를 한다. 다시 반죽이 2배 정도로 부풀어 오르면 200℃로 예열한 오븐에서 10분간 굽는다.

파슬리 키우기

씨앗은 셀러리와 비슷하며 미세한 흙가루 같다. 씨앗으로 심을 경우 잎이 곱슬곱슬한 것과 납작한 것 2가지가 있다. 보통 요리에 많이 쓰이는 것은 잎이 납작한 종류인데, 이 모종을 구입해서 키우며 생으로 즐겨 보면 신선한 향이 매력적이다. 바깥쪽 잎부터 잎자루와 함께 낱장으로 뜯으면 반복 수확이 가능하다.

재료 파슬리 모종, 퇴비 또는 수경 재배용 양액

과정

1 모종을 준비한다. 파슬리 모종은 시중에서 구하기 어려울 수 있는데 그럴 경우에는 씨앗으로 시작해도 금세 자란다. 매일 물과 햇빛을 충분히 준다.

2 줄기와 잎의 일부를 가위로 수확해서 이용한다. 수확한 후부터는 퇴비나 수경 재배용 양액 등의 덧거름을 1주일에 1번씩 주어 자라면서 영양분이 부족하지 않도록 신경 쓴다.

3 파슬리 줄기는 다른 허브들보다 길게 난다. 잎이 금세 자라므로 생으로 먹는다면 다져서 소스로 만들어 놓고 천천히 먹는 것도 좋다. 수확을 더디게 하면 잎이 누렇게 뜨기 때문이다.

4 잎이 많아지면 수확해서 사용하고, 남으면 흙과 가까운 줄기 쪽을 잘라 끈으로 묶어 그늘에 보관한다.

5 마른 잎은 봉지에 넣고 부수면 가루가 되어 바로 쓰기 좋다. 이때 굵은 줄기는 골라 내고 연한 잎만 먹는다.

Tip

파슬리를 말릴 때는 바구니에 넣어 통풍이 잘되게 하는 것이 좋다.

COOKING

토마토소스

토마토의 씨를 제거하면 신맛이 약한 소스를 만들 수 있다. 소스용으로는 완전히 익어서 짙은 붉은색을 띤 토마토가 맛있다. 껍질과 씨를 제거하기 번거롭다면 꼭지만 따서 만들어도 괜찮다.

재료 다진 파슬리 1/2작은술, 다진 바질 1/2작은술, 완숙 토마토 2개, 양파 1/2개, 올리브오일 2큰술, 다진 마늘 1/2작은술, 설탕 1/2작은술, 후추 약간

먼저 할 것 토마토 꼭지 반대쪽에 + 모양으로 칼집을 낸다.

TIP 오일을 많이 넣으면 토마토의 맛이 반감되고 소스에서 기름이 분리될 수 있다. 껍질을 벗길 때 오래 끓이면 토마토가 물러져서 씨를 제거하기 어렵다. 갈색으로 볶은 양파가 소스에 단맛과 진한 색을 준다.

과정

1 작은 냄비에 물을 반 정도 넣고, 끓으면 칼집을 낸 토마토를 넣고 3분간 열을 가한다. 칼집 주변의 살짝 들린 부분을 잡아 당겨 전체 껍질을 벗긴다. 가로로 잘라 숟가락으로 씨를 제거하고 깍둑 썬다.

2 양파를 다진다. 그런 다음 팬에 오일을 두르고 마늘을 볶다가 양파를 넣고 갈색이 되도록 볶는다. 약간 태우듯이 진갈색으로 볶는 것이 포인트이다. 볶다가 물을 1/4컵씩 넣기를 반복하며 졸인다.

3 손질한 토마토와 파슬리 그리고 바질을 넣고 약불에서 1시간 동안 푹 익힌 다음 식혀서 밀폐용기에 담아 냉장 보관한다.

COOKING

미트볼 스파게티

미트볼을 소고기로만 만들면 퍽퍽해서 먹기 불편하므로 소고기와 돼지고기를 동량으로 넣어 만들면 좋다. 미리 반죽하고 모양을 잡아 냉동해 두면 언제든지 미트볼 요리를 먹을 수 있다.

재료(미트볼 12개) 파슬리 1/2작은술, 오레가노 1/2작은술, 다진 소고기 150g, 다진 돼지고기 150g, 양파 1/2개, 다진 마늘 1/2작은술, 소주 1큰술, 빵가루 1/2컵, 소금 약간, 후추 약간

파스타 파스타 면 1인분(100원 동전만큼), 토마토소스 1/2컵, 올리브오일 2큰술, 후추 약간

먼저 할 것 양파를 잘게 다져 갈색이 나도록 볶는다. 익히지 않고 반죽에 넣으면 미트볼을 익힐 때 모양이 흐트러질 수 있다.

과정

1 볼에 볶은 양파와 재료를 모두 넣고 치댄다. 치댈 때는 반죽이 손가락 사이로 삐져나올 정도로 주물럭거린다. 빵가루는 반죽이 잘 뭉치도록 해 준다.

2 미트볼이 크면 익히는 데 오래 걸리므로 너무 크지 않게 만든다. 엄지와 검지로 반죽을 잡아 동그란 모양이 잡히면 먹기 적당한 크기이다.

3 팬에 오일을 두르고 모양 잡은 미트볼을 굴리며 익힌다. 중불에서 표면을 익히다가 색이 나면 약불에서 뚜껑을 덮고 20분 더 익힌다. 면을 삶아 올리브오일, 후추, 미트볼을 올려 섞어 먹는다.

바질 키우기

씨앗은 검은깨와 비슷하다. 물에 닿으면 개구리알 같은 게 생기는데 일부러 벗기지 말고 두어야 습도 유지에 도움이 된다. 본 잎이 2~3장 나오기까지는 인내심이 필요하지만 직접 키우면 비싼 바질을 실컷 먹을 수 있다. 잎을 부지런히 수확해야 꽃대가 올라오지 않는다. 꽃대가 올라오면 잎의 광택이 없어지고 맛이 없고 맵다.

재료 화분, 통에 들어갈 만큼의 흙(원예용 상토), 바질 씨앗 3개, 퇴비 또는 수경 재배용 양액

과정

1 화분에 흙을 담고 씨앗을 3개 심는다. 약 1주일 뒤에 싹이 나면 튼튼한 하나만 남기고 나머지는 뽑는다. 떡잎이 나온 직후부터 매일 물과 햇빛을 충분히 준다.

2 약 2주일 이내에 본잎이 나온다. 허브는 채소보다 잎 전개 속도가 느린 편이다.

3 본잎이 나온 후에는 점점 잎이 커지면서 줄기 사이에 간격이 생긴다. 덧거름을 1주일에 1번씩 주어 자라면서 영양분이 부족하지 않도록 신경 쓴다.

4 손가락 1마디 정도의 간격을 두고 잎이 추가로 나온다. 줄기와 잎 사이에서는 새로운 잎이 나오기도 한다.

5 떡잎을 포함해서 마디가 4개 전후가 되면 가장 위쪽 마디를 수확해서 이용한다. 마디가 더 자란 후에 윗부분을 자르면 전체적으로 키가 너무 커져서 키우기 불편할 수 있기 때문이다.

6 마디 위쪽에서 수확하면 줄기와 잎 사이에서 새로운 가지가 Y자 모양으로 생기며 풍성하게 자란다.

Tip

수확은 마디 위쪽을 잘라도, 옆의 잎을 따도 무관하다. 전체적으로 새로 나오는 잎들이 햇빛을 최대한 많이 받을 수 있도록 모양을 잡아 가며 수확하면 된다.
3개 모두를 키우면 자라면서 햇빛과 공간이 부족해질 수 있다.

카프레제 샐러드

일반 토마토로 만들어도 좋지만, 방울토마토로 만들면 먹기 편하다. 최근에는 색색의 방울토마토가 시중에 나오므로 여러 가지 색으로 즐길 수 있다. 97쪽의 마약 파스타와 함께 먹으면 홈파티가 따로 없다.

재료 방울토마토 15개, 프레시 모차렐라 치즈 1덩어리, 바질 5장, 발사믹소스 약간, 올리브오일 약간

먼저 할 것 방울토마토와 바질을 씻어 물기를 뺀다.

과정

1 방울토마토는 가로로 썬다. 세로로 써는 것보다 단면이 보기 좋다.

2 프레시 모차렐라 치즈는 봉지에 들어있던 물을 버리고 깨끗한 물에 한 번 헹궈 표면의 치즈 잔여물을 손으로 제거한다. 가로로 한 번 썰고, 각 덩어리를 8등분한다.

3 접시에 손질한 방울토마토와 치즈를 담고, 발사믹소스를 지그재그로 뿌리고 올리브오일을 두른다. 그 다음에 군데군데 바질 잎을 얹어 마무리한다.

마르게리타 피자

이탈리아의 마르게리타 왕비가 남부 나폴리를 방문한 것을 기념해서 만든 피자이다. 바질의 초록색, 치즈의 흰색, 토마토의 빨간색은 이탈리아 국기를 의미한다. 피자의 이름은 왕비의 이름을 따서 지었다고 한다.

재료 토르티야 1장, 토마토소스 1/2컵, 피자치즈 1컵, 바질 6장

먼저 할 것 바질을 씻어 건져 두고, 오븐은 200℃로 예열한다.

TIP 모차렐라 치즈는 열에 녹이거나 오븐에 구워 조리하여 먹고, 프레시 모차렐라 치즈는 생으로 먹는다.
토르티야는 밀가루 반죽을 구운 것이다. 이것을 피자 도우로 이용하면 이미 다 익혀 두었기 때문에 요리 시간을 줄일 수 있다.

과정

1 소스의 물기를 그대로 토르티야에 올리면 피자 도우로 사용한 토르티야가 흐물거리므로 소스를 미리 한 번 볶아 수분을 날린다.

2 도우에 원을 그리듯이 볶은 소스를 바른다. 이 과정에서 소스를 많이 바르면 짜다.

3 피자치즈를 올려 200℃로 예열한 오븐에서 치즈가 녹을 정도로만 약 5분간 굽는다.

한련화 키우기

씨앗은 완두 크기이며 줄무늬가 있고 누런색이다. 씨앗을 물 적신 솜에 올려 두어 뿌리가 나오기 시작하면 흙에 옮겨 심는다. 이렇게 하면 다른 채소보다 비교적 어렵고 오래 걸리는 싹트는 과정을 눈으로 직접 확인할 수 있다. 물만 잘 주어도 빠르게 자란다. 잎과 꽃 모두를 먹을 수 있고 반복 수확이 가능하다. 한여름에 너무 더울 때가 아니면 꽃이 잘 핀다.

재료 화분, 통에 들어갈 만큼의 흙(원예용 상토), 한련화 씨앗 3개, 접시, 키친타월, 퇴비 또는 수경 재배용 양액

과정

1 접시에 씨앗 3개를 물에 하룻밤 불려 수분을 충분히 흡수하도록 한다. 씨앗이 갈라져 뿌리가 나올 때까지 상온에 둔다.

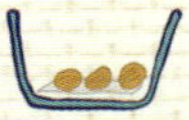

2 하루가 지나면 물을 버리고 키친타월을 적셔 깔아 준다. 랩을 덮고 숨구멍을 뚫어 불은 씨앗이 상하지 않도록 한다. 물이 마르면 키친타월이 촉촉해질 정도로 추가 공급해 준다.

3 1주일 정도 지나 팝콘 터지듯 뿌리가 나오기 시작하면 바로 흙에 씨앗 크기만큼의 깊이로 심는다. 심고 다시 1주일 이상 지나면 잎이 흙 위로 올라온다. 매일 물과 햇빛을 충분히 준다.

4 시간이 지나면서 잎의 개수가 점점 많아진다. 잎의 개수가 늘어나는 만큼 물도 더 많이 필요하므로 마르지 않게 신경 쓴다.

5 한참 키우다 보면 꽃봉오리가 생기고 1년 내내 꽃이 지속적으로 피고 진다.

6 꽃과 잎을 수확해서 이용한다. 꽃을 수확하지 않고 두면 그 자리에 씨앗이 생긴다. 누렇게 변하면 따서 말려서 보관한다.

Tip
한련화 발아는 길면 2주일 이상이 걸릴 수도 있다. 2주일 이상 지나도 싹이 나오지 않으면 실패한 것이니 다시 씨앗을 불려 위의 과정을 반복한다.

꽃비빔밥

꽃을 먹을 수 있다는 것은 생각만 해도 신기하고 우아하다. 한련화를 키워 꽃이 피면 비빔밥 위에 올려 보자.

재료 밥 2/3그릇, 참치캔 1개, 한련화 잎 10장, 한련화 꽃 1개 이상, 달걀 1개, 고추장 1큰술, 사과 1/4개, 레몬즙 1/2큰술, 꿀 1큰술

과정

1 사과를 믹서에 넣고 간 다음에 고추장, 레몬즙, 꿀과 함께 섞는다. 번거로우면 초고추장으로 대체 가능하다.

2 팬에 참치 통조림을 따서 넣고 수분이 날아갈 때까지 볶는다.

3 한련화 잎과 꽃을 물에 헹군다. 꽃술은 알레르기 방지를 위해 제거한다. 달걀 프라이를 하고, 그릇에 밥을 담아 재료를 한 가지씩 차례로 올려 마무리한다.

양배추 피클

양배추 남은 것이 있다면 피클을 먹고 남은 국물을 이용하여 바로 담가 보자.

재료 양배추 4장, 한련화 잎 20장

피클 배합초 물 2컵, 식초 1컵, 설탕 1컵, 소금 1작은술, 피클링스파이스 1작은술, 통후추 1작은술

먼저 할 것 양배추와 한련화 잎을 씻어 키친타월로 두드려 물기를 제거한다.

과정

1 양배추와 한련화 잎을 씻고 양배추는 손바닥만 하게 자른다. 배합초 재료를 냄비에 넣고 팔팔 끓인다.

2 손질한 양배추와 한련화를 차곡차곡 교대로 쌓는다.

3 유리용기에 채소를 담고 뜨거울 때 배합초를 붓는다. 내용물이 뜨지 않도록 작은 그릇을 하나 넣고 눌러 뚜껑을 닫은 뒤 식으면 냉장 보관한다.

딜 키우기

딜은 펜넬과 식물체나 씨앗의 모양을 구분하기 어려울 정도로 비슷하다. 향이 강하기 때문에 많은 양을 키우지 않아도 요긴하게 쓸 수 있다. 요리에서 줄기와 잎을 생것 그대로 올려 향을 낸다. 모종을 구하기 어렵다면 씨앗으로 키워도 어렵지 않다. 줄기가 달린 잎을 낱개로 수확해서 조금씩 사용하므로 반복 수확하기 좋다.

재료 딜 모종, 퇴비 또는 수경 재배용 양액

과정

1 모종을 준비한다. 또한 매일 물과 햇빛을 충분히 준다.

2 줄기를 통째로 잘라 이용한다. 또한 퇴비나 수경 재배용 양액 등의 덧거름을 1주일에 1번씩 주어 자라면서 영양분이 부족하지 않도록 신경 쓴다.

3 딜은 새 잎이 날 때 안쪽에서 잎들이 펼쳐지듯 전개된다.

Tip

보통 허브 모종은 씨앗을 여러 개 심어서 여러 뿌리를 키워 판매하는데 직접 씨앗부터 키울 때는 한 뿌리만 키워도 된다.
딜과 달리 펜넬은 줄기 아래쪽이 둥글게 양파처럼 부푸는 종류도 있는데 외국에서 많이 키워 먹는다. 향이 강하지만 아삭한 맛이 좋다. 따라서 딜은 잎을, 펜넬은 둥글게 잡힌 구형 줄기로 먹기를 추천한다.

오이피클

피클을 피클답게 만드는 핵심은 바로 향신료(허브 포함)이다.

재료 오이 2개, 물 2컵, 식초 1컵, 설탕 1컵, 소금 1작은술, 피클링스파이스 1작은술, 통후추 1작은술, 딜 2줄기

과정

1 오이를 씻어 2cm 두께로 썬다.

2 오이와 딜을 제외한 재료를 냄비에 넣고 팔팔 끓인 다음 불을 끄고, 오이와 딜을 넣는다. 식으면 밀폐용기에 담아 냉장 보관을 한다.

TIP 피클링스파이스는 여러 가지 향신료를 피클에 맞게 배합해 놓은 것으로 여기에 생허브를 추가하면 모양과 맛이 더 풍부해진다.
만약 냉장 보관을 한다면 김치냉장고에서 1년 이상 가능하다. 짧고 통통한 피클오이로 담그면 더 아삭하고 1년이 지나도 무르지 않는다.

연어 스테이크

연어는 생으로 먹어도 맛있지만, 센불에서 가장자리만 빠르게 익혀 먹어도 맛있다.

재료 딜 1줄기, 생연어 1토막, 소주 3큰술, 양파 1/4개, 레몬 1/4개, 플레인 요거트 1/2컵, 꿀 1큰술, 소금 1꼬집, 후추 1꼬집

TIP 연어를 구울 때 껍질 쪽 살이 5mm 정도 익으면 중불로 바꿔 또 5mm 정도를 익힌다. 양면 모두 소금과 후추를 뿌려 가며 굽는다.

과정

1 양파를 다져서 찬물에 담가 매운맛을 뺀다. 먹기 전까지 찬물에 담가 둔다.

2 팬에 오일을 두르고 센불에 연어를 껍질부터 올려 모든 면을 살짝만 익힌다.

3 딜을 다진다. 플레인 요거트에 레몬즙과 꿀을 넣는다. 재료 준비가 끝나면 접시에 겉면을 구운 연어, 레몬, 다진 양파, 딜을 올리고 플레인 요거트를 곁들인다.

오레가노 키우기

씨앗이 작다. 풍성하게 키워서 수확하기까지는 시간이 좀 걸린다. 모종을 구할 수 있다면 큰 화분에 심어 놓고 덧거름을 넉넉히 주면서 잎을 풍성하게 키우는 것이 좋다. 오레가노를 빵이나 피자 또는 파스타 등에 넣으면 이탈리아 음식의 느낌을 잘 표현할 수 있다. 그러나 생오레가노가 낯설다면 그늘에서 바짝 말린 후에 봉지에 넣어 부수어서 사용한다.

재료 / 오레가노 모종, 퇴비 또는 수경 재배용 양액

과정 /

1 모종을 준비한다. 매일 물과 햇빛을 충분히 준다.

2 줄기의 일부를 수확해서 쓴다. 마디의 위치는 어디든 관계없다. 퇴비나 수경 재배용 양액 등의 덧거름을 1주일에 1번씩 주기적으로 주어 자라면서 영양분이 부족하지 않도록 신경 쓴다.

3 수확한 줄기와 기존의 잎 사이에서 새 잎이 Y자 모양으로 나온다. 반복하여 같은 방법으로 수확하고 이용한다.

Tip

시중에서 모종을 구하기 어렵다면 허브 전문 판매처를 찾아본다.

COOKING

토마토구이

토마토는 구워도 맛있다.

재료 토마토 1개, 마늘 1톨, 소금 1꼬집, 올리브오일 5큰술, 오레가노 2줄기

먼저 할 것 토마토, 오레가노를 씻어 물기를 제거한다.

TIP 오래 익히면 물러 맛이 없어지니 토마토를 데울 정도로만 살짝 굽는다.

과정

1 토마토는 가로로 썰고, 마늘은 편으로 썬다. 오레가노는 다진다.

2 올리브오일에 편으로 썬 마늘과 다진 오레가노를 넣어 향을 낸다. 그런 다음 팬에 오일을 두르고 재료를 모두 얹어 굽는다.

3 센불에서 앞뒤로 익히고 소금 1꼬집을 뿌려 접시에 담아낸다.

COOKING

마약 파스타(해산물 오일 파스타)

한 번 맛보면 자작한 국물맛이 자꾸 생각나는 마약과 같은 파스타이다. 해산물과 올리브오일 그리고 허브로 맛을 낸다. 오레가노가 이 파스타 맛의 포인트이다. 면을 고들고들하게 삶은 뒤에 팬에서 해물육수를 배어들게 해야 맛있는 파스타가 된다. 몇 번 실패하다 보면 제대로 맛을 낼 수 있다.

재료 파스타 면 1인분(100원 동전만큼), 바지락 10개, 새우 3마리, 소주 1/4컵, 마늘 3톨, 올리브오일 5큰술, 물 10컵, 소금 2작은술, 다진 오레가노 1/2작은술

먼저 할 것 냄비에 물을 붓고 끓으면 소금과 파스타 면을 넣고 5분간 삶는다.

TIP 마늘을 볶을 때 불이 세면 순식간에 타 버린다. 팬을 기울여 기름을 모아 마늘을 볶으면 적은 양의 오일로도 충분히 조리할 수 있다.

과정

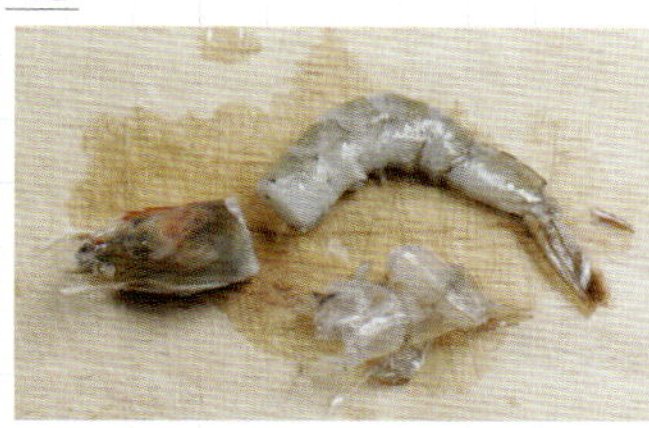

1 새우 머리를 자른 다음 몸통의 껍데기를 깐다. 만약 꼬리를 남긴다면 꼬리의 물총은 제거해야 조리할 때 기름이 튀는 것을 방지할 수 있다. 바지락을 씻어 건져 둔다. 마늘은 편으로 썬다.

2 팬에 오일을 두르고 약불에서 튀긴다. 마늘이 노릇노릇해지면 바지락, 새우 그리고 소주를 넣어 센불에서 알코올과 함께 비린내를 제거한다. 새우는 색이 완전히 변하면 바로 건진다.

3 해물을 볶아 둔 팬에 삶은 면과 면 삶은 물을 1/2컵 넣어 졸인다. 면수와 함께 오레가노를 넣는다. 이 과정이 3분 안에 이루어져야 파스타가 쫀득하고 맛있다. 불을 끄기 전에 새우를 넣어 살짝 데운다.

타임 키우기

씨앗이 먼지처럼 작아 싹을 틔우기가 쉽지 않으므로 모종으로 키우는 것을 추천한다. 여러 종류가 있으며 색이나 향이 다르다. 잎의 개수가 아주 많아 표면적이 넓어 물을 많이 필요로 하므로 매일 물을 주어 시들지 않도록 한다. 시들면 1~2일 만에도 죽어 회복이 불가능하다. 반복 수확이 가능하다. 넓은 화분에 키우면 지상부가 더 크게 자란다.

재료 타임 모종, 퇴비 또는 수경 재배용 양액

과정

1 모종을 준비한다. 뿌리가 여러 개인 경우가 많다. 로즈마리처럼 물이 많이 필요하므로 매일 물을 준다.

2 줄기의 일부를 수확해서 쓴다. 마디의 어느 위치든 관계없다. 퇴비나 수경 재배용 양액 등의 덧거름을 1주일에 1번씩 주기적으로 주어 자라면서 영양분이 부족하지 않도록 신경 쓴다.

3 수확한 줄기와 기존의 잎 사이에서 새 잎이 Y자 모양으로 나온다. 반복하여 같은 방법으로 수확한다.

4 흙에 가까운 잎이 시들어 있다면 손으로 훑어 제거한다. 허브는 대체로 햇빛이 많이 필요하므로 책상 등의 그늘보다는 창틀이나 실외에서 키우면 좋다.

5 키우다 보면 뿌리가 화분에 가득 차서 화분 밖으로도 나오는데, 이때에는 더 큰 화분으로 옮겨 준다.

6 분갈이를 할 경우 흙과 퇴비를 준비한다. 퇴비는 화분 윗부분을 덮을 정도면 된다.

허브오일

올리브오일 향도 좋지만 허브를 넣어 풍부한 향을 내면 샐러드나 음식이 더 산뜻해진다.

재료 뚜껑이 있는 빈 병, 빈 병의 양만큼 올리브오일, 타임(또는 다른 허브) 10줄기

과정

1 키친타월로 물기를 닦아 낸다.

2 냄비에 올리브오일을 붓고 손질한 타임을 넣는다. 약불에서 기포가 올라오면 불을 끈다.

3 냄비가 식으면 체에 걸러 병에 담는다. 만든 날짜와 허브의 종류를 써서 붙이고 그늘에 보관하며 먹는다.

허브향 통닭구이

천천히 익혀야 수분을 유지해서 닭고기가 퍽퍽해지지 않는다. 닭기름에 곡물이 익어 곡물 누룽지가 생기면 바삭하고 맛있다. 여럿이 모였을 때 구워 내면 탄성이 흘러나온다.

재료(2인분) 닭(가장 작은 것) 1마리, 병아리콩(이집트콩) 1/4컵, 찹쌀+기타 곡물 3/4컵, 알감자 5개, 타임 10줄기, 소주 1컵, 올리브오일 1/4컵, 소금 1/2작은술, 통후추 1/2작은술

먼저 할 것 병아리콩은 오래 불리지 않고 조리하면 딱딱해서 먹기 힘드니 하룻밤 물에 불린다. 찹쌀은 30분간 물에 불린 다음 체에 밭쳐 둔다. 타임은 씻어 물기를 제거한다. 오븐을 180℃로 예열한다.

TIP 닭 뱃속에 곡물을 빽빽하게 채우면 잘 익지 않으니 지나치게 눌러 담지 않도록 한다.

과정

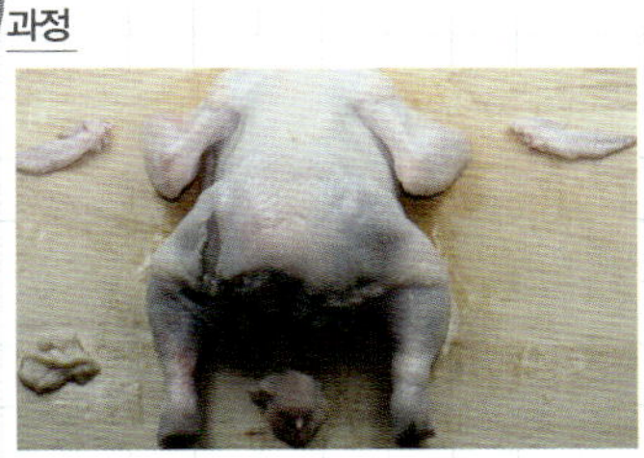

1 닭을 흐르는 물에 씻는다. 특히 몸통 안쪽의 이물질을 신경 써서 제거한다. 날개 끝부분, 기름이 많은 꼬리를 자른다.

2 넓은 그릇에 닭을 담고, 몸통 안쪽에 타임과 소주를 부어 30분 이상 재워 둔다.

3 닭을 건져 뱃속에 불린 콩과 찹쌀을 일부 넣고 이쑤시개로 고정한다. 팬에 종이포일을 깔고 손질한 닭과 남은 곡물, 감자를 올린다. 그 위에 통후추와 올리브오일, 소금을 골고루 뿌린다. 180℃ 40분-다리 끝에 포일 감고 200℃ 20분 구워 낸다.